Steine des Himmels
Meteorite

Steine des Himmels
Meteorite

Jochen Schlüter

Edition Ellert & Richter

Inhalt

Steine des Himmels

Urplötzlich erhellt sich der Nachthimmel. Eine funkensprühende, grell leuchtende Feuerkugel huscht mit nie gesehener Geschwindigkeit über das Firmament. Ihre Bahn wird durch einen leuchtenden Schweif markiert. Nach kurzer Zeit enden die Lichterscheinungen. Rollendes Donnern, Knattern und ein explosionsartiger Knall folgen, dann Stille wie zuvor.

Außerirdische Materie ist mit der Erde zusammengeprallt. Sie hat, ohne vollständig zu verglühen, die Atmosphäre durchstoßen und ist mit erschreckenden optischen und akustischen Begleiterscheinungen zur Erdoberfläche niedergestürzt.

Als Betrachter des nächtlichen Sternenhimmels haben Sie gewiß schon Sternschnuppen beobachten können, jene hellen kurz aufleuchtenden Lichtspuren am Himmel. Mit viel Glück wurden Sie einer lautlos über den Himmel rasenden Leuchtkugel ansichtig. Vielleicht sind Ihnen auch Bilder des Kometen Halley aus dem Jahr 1986 in Erinnerung, als dieser „schmutzige Schneeball" aus gefrorenen Gasen und Weltraumstaub die Erde passierte. Doch direkt auf die Erdoberfläche stürzende außerirdische Materiebrocken aus Stein oder Metall, Meteorite, sind ein so seltenes Ereignis, daß bis heute weltweit nur 983 Fälle von Meteoriten beobachtet und beschrieben werden konnten.

Meteorite, diese „Steine des Himmels", finden in der Wissenschaft größtes Interesse, seitdem sich vor nicht ganz 200 Jahren die Erkenntnis durchzusetzen begann, daß es sich dabei um außerirdische Materie handelt. Bevor die Apollo-11-Mission 1969 den Mond erreichte und Mondgestein mit zur Erde brachte, waren Meteorite die einzige direkte Informationsquelle über die Zusammensetzung anderer Himmelskörper.

Zusammen mit den Erkenntnissen der modernen Weltraumforschung bildet das Verständnis der Meteorite den Grundstock unseres Wissens über Aufbau und Entwicklung des Universums.

Ein Eisenmeteorit aus dem Gibeon-Streufeld, Namibia. Deutlich sichtbar sind die tiefen Schmelzgruben und die schwarze Schmelzkruste: Folgen des Fluges durch die Erdatmosphäre.

Fliegende Steine – ein historischer Rückblick

So erschreckend und zugleich beeindruckend sind die Begleiterscheinungen eines Meteoritenfalls, daß die Menschen von jeher ihre Erlebnisse für die Nachwelt festhielten.

Schon in alten Schriften der Chinesen, Griechen und Römer tauchen Berichte über Meteorite auf. Als Geschenke oder Zeichen des Himmels galten sie als etwas Heiliges.

So begegneten nordamerikanische Indianer Eisenmeteoriten mit großer Ehrfurcht und verwendeten sie für rituelle Handlungen, wie mindestens ein Dutzend archäologischer Funde belegen. Bei archäologischen Untersuchungen einer ehemaligen indianischen Siedlung im Norden Arizonas entdeckte man einen 62 Kilogramm schweren Eisenmeteoriten. Dieser als Camp Verde bekannt gewordene Meteorit konnte dem Meteoritenfundgebiet um den Canyon Diablo Krater in Arizona zugeordnet werden. Der wie ein Baby geformte Meteorit lag, aus bis heute ungeklärten Gründen, eingehüllt in Tüchern und Federn in einer Steintruhe, wie sie für Begräbnisse verwendet wurden.

Der rund 20 Tonnen schwere Möngön-tösh-Meteorit (mongolisch für „silberner Amboß“) südwestlich der mongolischen Hauptstadt Ulan Bator, heute auf chinesischem Gebiet, ist von einem Schrein umgeben. Die örtliche Bevölkerung beschützte und verehrte den in Vorzeiten vom Himmel niedergegangenen Meteoriten und hielt ihn für reines Silber. Ein Stück davon abzuschlagen galt als eine Sünde, die nicht ungestraft begangen werden konnte, denn es hieß, daß Wasser- und Erdgeister in ihm wohnten.

Die weltweit älteste Überlieferung eines Meteoritenfalls stammt aus Japan vor über 1100 Jahren. Am 19. Mai 861 stürzte dort ein kleiner, 472 Gramm schwerer Steinmeteorit auf die Tempelanlagen des Shinto-Schreins Suga Jinja, nahe der westjapanischen Stadt Nogata auf der Insel Kyushu. Der mit grellen Licht-

erscheinungen und fürchterlichem Knall herniedersausende Meteorit wurde später von der örtlichen Bevölkerung als „fliegender Stein" verehrt. Bis zum heutigen Tage hält man ihn in einer kleinen Holzschatulle verwahrt.
Auch der heilige in der Kaaba von Mekka eingemauerte schwarze Stein, der „Hadshar el Aswad", verdankt seine Entstehung einem Meteoritenfall. Bei ihm handelt es sich sehr wahrscheinlich um ein Stück Gesteinsglas, das infolge eines großen Meteoriteneinschlags entstanden ist.
Der älteste dokumentierte europäische Meteoritenfall ereignete sich am 7. November 1492 bei Ensisheim im Elsaß. Dort ging nach heftigen Detonationen ein 127 Kilogramm schwerer Steinmeteorit nieder. In der berühmten Luzerner Chronik von 1513 berichtet Diebold Schilling:

„Da sah ein Knab in aim Acker im oberen Feld einschlagen ... und kamen viel Leut allhier den Stein zu sehen, auch wurden viel seltsame Reden von dem Stein geredet. Aber die Gelehrten sagten, sie wissen nicht, was es wär, denn es wäre übernatürlich, daß ein solcher Stein sollt von den Lüften herabschlagen, besonders es wäre ain Wunder Gottes, denn es zuvor nie erhört, noch geschrieben befunden worden wär."

Neugierige und schaulustige Leute strömten herbei, um den Stein zu sehen. Viele versuchten sich eines Stücks zu bemächtigen. Daraufhin ließ der Landvogt den Stein ins Schloß bringen, wo sich 15 Tage später Kaiser Maximilian I. einfand. Er zeigte großes Interesse für den geheimnisvollen Stein und hieß den Magistrat der Stadt, ihn als kostbares wissenschaftliches Objekt in der pfarrgemeindlichen Kirche aufzuhängen und ihn nie mehr zu verkleinern und zu beschädigen. Dort verblieb der Meteorit von Ensisheim bis 1854. Danach

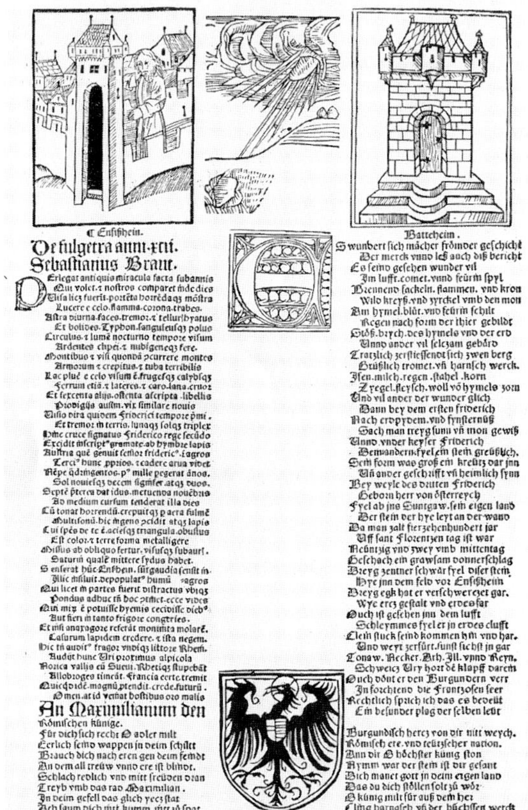

Dieses Flugblatt von 1492 verbreitete ausführlich Kunde vom Meteoritenfall bei Ensisheim. Das Reststück des Meteoriten wird heute noch im Rathaus der elsässischen Kleinstadt aufbewahrt.

Der älteste dokumentierte Meteoritenfall Europas geschah bei Ensisheim am 7. November 1492. Er wurde farbenprächtig abgebildet in der Luzerner Bilderchronik des Diebold Schilling von 1513.

wurde er ins Regentschaftshaus verbracht, wo das nur 56 Kilogramm (!) schwere Reststück noch heute zu bewundern ist.

Dabei hatte man bereits in der Antike derlei Vorgänge beobachtet und richtig eingeschätzt. Schon die alten Griechen wußten, daß Sternschnuppen keine fallenden Sterne waren. Mochten auch noch so viele erscheinen, die Zahl der Sterne änderte sich nicht. Aristoteles erklärte die Sternschnuppen, da sie vergänglicher Natur waren, zu Erscheinungen der Erdatmosphäre. Die Griechen nannten daher diese Erscheinungen „Meteore", was soviel wie „Dinge in der Luft" bedeutet. In anderen antiken Berichten werden Meteorite auch als Aërolithe (Luftsteine), Uranolithe (Himmelsteine), Bätylien beziehungsweise Baitylien (beseelte Steine) und Donnersteine bezeichnet.

Gerade im Zeitalter der Aufklärung, das seine Denkanstöße gegen Ende des 18. Jahrhunderts ja aus der Antike bezog, wurden dann aber Meteoritenfälle ignoriert und als Phantasiegebilde abgetan. Überzogene Berichte und die Unfähigkeit der damaligen Naturwissenschaft, das Phänomen einzuordnen, ließen die Meteorite zu einem unerwünschten Thema werden. Sogar die berühmte Académie Française in Paris schloß sich dieser vorherrschenden Ablehnung an. Noch 1768 erklärte eine Kommission der Académie einen im selben Jahr in Lucé, Frankreich, gefallenen Meteoriten als eine Art Eisenerz.

Der Direktor des „Vereinigten Naturalien-, physikalischen und astronomischen Cabinets" zu Wien, Andreas Stütz, notierte nach Begutachtung eines vorgelegten Meteoriten nebst Zeugenaussagen noch 1790:

„Freylich, daß das Eisen vom Himmel gefallen sein soll, möge der der Naturgeschichte Unkundige glauben, mögen wohl im Jahre 1751 selbst Deutschlands aufgeklärtesten Köpfe geglaubt haben, ... aber in unseren

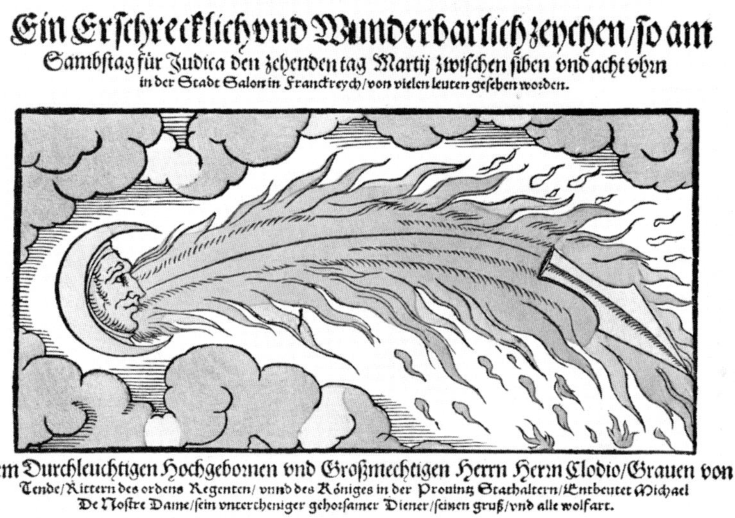

Flugblatt über das Erscheinen eines Meteors über einer französischen Stadt im Jahre 1554. Unerklärliche Himmelserscheinungen versetzten im Mittelalter die Menschen in Angst und Schrecken.

Zeiten wäre es unverzeihlich, solche Märchen auch nur wahrscheinlich zu finden."

Schließlich wagte der Wittenberger Physiker Ernst Florens Friedrich Chladni (1756–1827), der vorherrschenden Lehrmeinung entgegenzutreten, angeregt durch einen Reisebericht des in russischen Diensten stehenden Berliner Naturforschers Peter Simon Pallas (1741–1811). Pallas wurde im Jahre 1772 auf einer Reise nach Sibirien in dem Dorf Ubeiskaja-Medvedeva, rund 230 Kilometer südlich von Krasnojarsk, ein circa 700 Kilogramm schwerer Stein aus Eisen und Olivin gezeigt, der nach den Erzählungen der Tataren vom Himmel gefallen war. Chladni stellte danach fremde und eigene Beobachtungen über Meteorite zusammen und veröffentlichte die 1794 in Riga und Leipzig erschienene Schrift „Über den Ursprung der von Pallas gefundenen und anderer ihr ähnlicher Eisenmassen, und über einige damit in Verbindung stehende Naturerscheinungen". Obgleich Chladni überzeugende Gründe darlegte, warum man die so oft beschriebenen Himmelsteine als Irrläufer aus dem All anzusehen hätte, erntete er von seinen Physikerkollegen zunächst Hohn und Spott. Der Göttinger Professor Georg Christoph Lichtenberg, Physiker und Schriftsteller, bemerkte:

„Es sey ihm bey dem Lesen der Schrift anfangs so zumute gewesen, als wenn ihn selbst ein solcher Stein am Kopf getroffen hätte."

Chladni hingegen äußerte über seinen Kollegen, den Gelehrten Jean André DeLuc, Geologe und Meteorologe aus Genf:

„Er hat fünf Aufsätze gegen mich geliefert, worin er die Pallas'sche Gediegen-Eisenmasse von einem Vulkan auswerfen läßt, den Niederfall eines Steines in York-

Historische Darstellung einer Himmelserscheinung – eines „erschrecklichen Lufft-Gesichts“ – über Frankreich im August 1670. Ungewöhnlich ist die balkenförmige Darstellung der Himmelskörper.

shire 1795, und auch anderer geradezu wegleugnet, und es für unmöglich erklärt, und mich sogar unter diejenigen rechnet, die (seiner Meinung nach) alle Weltordnung leugnen, und die nicht bedenken, wie sehr sie an allem Bösen in der moralischen Welt Schuld sind."

Die Erkenntnisse Chladnis hätten sich wohl nicht durchsetzen können, wenn ihm nicht zufällig die Natur zu Hilfe gekommen wäre. 1803 ging über L'Aigle, 120 Kilometer westlich von Paris, ein von vielen Menschen beobachteter, etwa 3 000 Steine umfassender Meteoritenregen nieder, der die Wissenschaftler dazu zwang, ihre althergebrachten Auffassungen zu überdenken und sich ernsthaft mit den Meteoriten zu beschäftigen. An vielen Orten entstanden nun Meteoritensammlungen, die heute zum wertvollsten Besitz großer Museen gehören.

Ernst Florens Friedrich Chladni (1756–1827), Begründer der modernen Meteoritenkunde. Als erster Wissenschaftler seit der griechischen Antike erkannte er, daß es sich bei Meteoriten um außerirdische Materie handelt.

Woher kommen Meteorite?

Alle Meteorite, die wir heute in Händen halten können, entstammen unserem eigenen Sonnensystem, und zwar fast ausschließlich dem Asteroidengürtel. In diesem breiten Materiestrom zwischen Mars und Jupiter befinden sich unzählige Festkörper, von winzigen Staubkörnchen bis hin zu sogenannten Planetoiden. Von den rund 3 000 bekannten, mehr als 10 Kilometer großen Planetoiden ist Ceres mit 1 000 Kilometer Durchmesser der größte.

Unter den Asteroiden kommt es vereinzelt zu Zusammenstößen. Das führt zur Zertrümmerung und zu Bahnablenkungen einzelner Bestandteile. Betroffen sind kleinste Partikel bis hin zu kilometergroßen Kleinstplaneten. Asteroiden, die so auf neue Umlaufbahnen um die Sonne geraten und irgendwann einmal, vielleicht erst nach Tausenden von Jahren, die Erdumlaufbahn kreuzen und mit der Erde zusammentreffen, werden Meteoroide genannt. Was am Ende seiner langen Reise vom Meteoroiden auf der Erdoberfläche angelangt, bezeichnet man als Meteorit.

Die Kenntnis über die Herkunft der Meteorite aus dem Asteroidengürtel erhielt man durch Falldokumentationen der Meteorite Lost City, Oklahoma/USA (1970), Pribram, Tschechien (1959), und Innisfree, Alabama/USA (1977). Durch die Auswertung von fotografischen Aufnahmen ihrer Leuchtspuren beim Flug durch die Atmosphäre gelang es, deren elliptische Umlaufbahnen um die Sonne zu berechnen. Der entfernteste Punkt von der Sonne und damit ihr Ursprung lag bei allen dreien im Asteroidengürtel.

Ein Teil des meteoritischen Materials, insbesondere solches, das reich an flüchtigen Bestandteilen ist, wie der Meteoritenstaub und einige der primitivsten Steinmeteorite, stammen wahrscheinlich von vergangenen Kometen. Die häufig als „schmutzige Schneebälle“ bezeichneten Kometen sind Materiebrocken, die bei der Entstehung unseres Sonnensystems übriggeblieben sind.

Der Komet Hyakutake am Nachthimmel des 28. März 1996. Solche „schmutzigen Schneebälle“ sind Restmaterie von der Entstehung des Sonnensystems.

Blick vom Rand unseres Planetensystems zur Sonne. Das milchige Band um das Zentrum stellt den Asteroidengürtel dar, den Ursprungsort fast aller Meteorite.

Zwischen Asteroidengürtel und Sonne sind die Umlaufbahnen von Mars und Erde (als Planet nicht sichtbar) zu erkennen.

Sie bestehen aus einem Gemenge von gefrorenem Wasser, gefrorenen Gasen, Staub und Gesteinsbruchstückchen. Ihre Heimat ist die Oort'sche oder zirkumsolare Wolke, ein Gürtel mit vermutlich Milliarden von Kometenkernen, der unser Sonnensystem umschließt. Bei Annäherung an die Sonne führt die Sonnenwärme zum Verdampfen der gefrorenen Gase, wodurch der Komet sich auflöst und dabei große Mengen seiner festen Materie einschließlich seines Eises verliert. Hieraus entwickelt sich am Rand die leuchtende Korona, die durch den Sonnenwind zu einem immer von der Sonne weggerichteten Kometenschweif ausgelängt wird. Der 1986 zuletzt sichtbare Komet Halley erlitt beispielsweise Staubverluste von 3,1 Tonnen pro Sekunde.

Durchläuft die Erde auf ihrer Bahn um die Sonne einen solchen Kometenschweif oder die „Staubspur“ eines vergangenen Kometen, dann kann diese feinkörnige Materie in die Atmosphäre eindringen. Größere Partikelchen des Staubes verursachen Sternschnuppenschwärme, wie etwa die Perseiden, die jedes Jahr im August zu beobachten sind.

Eine nur kläglich sprudelnde, aber kostbare Quelle meteoritischen Materials sind der Mond und unser Nachbarplanet Mars. In der Vergangenheit haben dort selbst – wie das zernarbte Antlitz unseres Mondes verrät – sehr große Meteoriteneinschläge stattgefunden. Deren gewaltige Kraft konnte Teile der Gesteinsoberfläche herausreißen und gegen die Anziehungskraft der Himmelskörper in den Weltraum schleudern.

Doch derartige Ereignisse sind selten und die Wahrscheinlichkeit, daß die Erde diese in den Weltraum geschleuderten Planetenfragmente auch einfängt, ist gering.

Daher wurden trotz der rund 19 200 bis heute geborgenen Meteorite und Meteoritenfragmente nur zwölf verschiedene Meteorite entdeckt, die zweifelsohne vom

Der Mond (oben in einer künstlerischen Darstellung) ist ein immer noch wenig erforschter Himmelskörper. Dieser kleine, nur 19 Gramm schwere Mondmeteorit, Calcalong Creek (unten), wurde erst vor wenigen Jahren von Aborigines in Westaustralien gefunden.

Mond stammen. Diese lunaren Meteorite ähneln den Mondproben, die von Apollo-Expeditionen zur Erde gebracht wurden. Sie stammen aber aus Hochländern und den großen Becken des Mondes, die weder die US-amerikanischen noch die russischen Missionen erreicht haben. Ihre Zusammensetzung gleicht irdischen Basalten, also vulkanischen Gesteinen, und Tiefengesteinen wie Anorthositen und Gabbros.

Einer Gruppe von Meteoriten, die unter der Bezeichnung SNC-Meteorite nach den Anfangsbuchstaben der ersten aufgefundenen Meteorite dieses Typs, Shergotty (Indien), Nakhla (Ägypten) und Chassigny (Frankreich), zusammengefaßt ist, wird eine Herkunft vom Mars zugesprochen. Diese Meteorite, allesamt magmatische Gesteine, von denen bis Mitte 1996 nur zwölf Exemplare bekannt waren, unterscheiden sich von anderen Meteoriten besonders durch ihr sehr viel jüngeres Entstehungsalter. Sie müssen somit von einem größeren Planeten stammen, der „vor kurzem" noch heiß und daher möglicherweise auch magmatisch aktiv war, das heißt Gesteinsschmelzen hervorbringen konnte. Die meisten Himmelskörper, wie etwa der Mond, die Asteroiden oder die äußeren Planeten kommen daher nicht als Herkunftsort in Frage.

Ein weiteres beweiskräftiges Argument für eine Marsabstammung ist die chemische Zusammensetzung eingeschlossener Gase. In glasigen Partien der SNC-Meteorite sind kleine Gasblasen enthalten. Die Konzentrationen und die Isotopenzusammensetzungen der dort festgehaltenen Edelgase und Stickstoff weisen Proportionen auf, wie sie von den US-amerikanischen Viking-Mars-Sonden auch für die Marsatmosphäre ermittelt wurden.

Am interessantesten für die Wissenschaft wären Materiebrocken, deren Heimat außerhalb unseres Planetensystems – also interstellar – läge. Derartige Meteorite hat man aber bis heute nicht entdeckt.

Ein Stück vom Mars! Der SNC-Meteorit Zagami, ein basaltisches Gestein der Marsoberfläche, schlug am 3. Oktober 1962 vor den Augen eines Farmers mit lautem Getöse auf einem Feld der Katsina Provinz, Nigeria, ein. (Scheibe 6 x 9 cm)

Allerdings ließen sich in einigen sogenannten kohligen Chondriten untergeordnete Bestandteile als unveränderte interstellare Materie identifizieren. Bei den kohligen Chondriten von Allende, Mexiko, liegt der namengebende Kohlenstoff zum Teil in winzigen, nur 50 Ångström (0,0000005 Zentimeter) großen Diamanten vor. In diesen Diamanten sind Krypton-, Xenon- und Stickstoffgehalte mit Isotopenverhältnissen enthalten, wie sie bisher in keinem Material unseres Sonnensystems gefunden wurden. Auch die Isotopenverhältnisse von Wasserstoff, Stickstoff und Kohlenstoff aus Aminosäuren des Murchison-Meteoriten, Australien, zeigen Verhältnisse, wie sie bisher an keinem Material unseres Sonnensystems gemessen wurden. Diese Diamanten und Aminosäuren müssen also aus anderen Sternensystemen stammen.

Wenn ein Meteorit zur Erde stürzt ...

Begegnet ein kosmischer Körper der Erde, so trifft er zuerst auf ihre Lufthülle. Welche Wirkung er hier hervorruft, ist von seiner Masse, seiner Geschwindigkeit und seinem Eintrittswinkel abhängig. Kosmischer Staub wird schon sehr früh von der obersten Atmosphäre abgebremst und schwebt unbemerkt zu Boden. Aber schon Körnchen von nur 0,1 Gramm haben genügend Masse, um in der Atmosphäre bei vollständigem Verglühen die Lichtspur einer Sternschnuppe zu hinterlassen. Dabei entwickeln bereits 1 Gramm schwere Körnchen die Helligkeit des Planeten Venus.
Dringt ein großer Meteoroid in die Atmosphäre, so führt die Wechselwirkung zwischen dem mit kosmischer Geschwindigkeit einfallenden Körper und der Luft zu auffälligen Licht- und Schallerscheinungen. In einer zeitgenössischen Schilderung eines Meteoritenfalls bei Ochansk, Rußland, am 30. August 1887, 12 Uhr 30, heißt es:

„*Eine feurige Masse erschien am Himmel, einen leuchtenden Streifen und Rauchwolken hinter sich lassend, und glitt mit nur schwach geneigter Bahn am Himmel entlang. Nur 2–3 Sekunden war die Erscheinung zu sehen, und nach 2–3 Minuten erklang ein Getöse, als wenn zahlreiche Kanonen abgeschossen würden.*“

Feuerbälle

Es gibt viele Augenzeugenberichte über Meteoritenfälle, doch ein solches Ereignis kommt so überraschend und endet nach so kurzer Zeit, daß nur selten Fotodokumente existieren.
Als erstes zeigt sich eine weißliche, über den Himmel rasende Feuerkugel, ein Meteor, die bereits in Höhen von 120 Kilometern in Erscheinung treten kann. In den dichteren unteren Schichten der Atmosphäre nimmt die Leuchtkraft und die Größe der Feuerkugel zu, bis sie

Mit einer Geschwindigkeit von rund 55 000 Kilometern pro Stunde raste am 10. August 1972 dieser 80 Meter mächtige Meteor in großer Höhe über den Himmel des Grand Teton Nationalparks, Wyoming/USA.

nicht selten in einem Boliden genannten, explosionsartigen Ereignis erlischt.
Je nachdem, ob Meteorite die Erde auf ihrer Bahn einholen oder eher frontal mit ihr zusammentreffen, haben sie Geschwindigkeiten zwischen 20 und 70 Kilometern pro Sekunde. Am häufigsten treffen Meteoroide mit Geschwindigkeiten um 25 Kilometer pro Sekunde auf die Erde, das entspricht 90 000 Kilometern pro Stunde. An diese enormen Geschwindigkeiten reichen auch die schnellsten irdischen Geschosse mit wenigen hundert Metern pro Sekunde bei weitem nicht heran.
Die hohe Geschwindigkeit des in die Atmosphäre eindringenden Körpers bewirkt, daß an seiner Vorderseite die Luft auch schon in den obersten Schichten extrem komprimiert wird. Es bildet sich eine sehr große Reibungshitze, die dazu führt, daß die Oberfläche des Meteoroids zu schmelzen beginnt und verdampft. Den Meteoroiden umgibt dann eine große Gashülle aus Luft und verdampftem Meteoroidenmaterial, die durch die freiwerdende thermische Energie elektrisch aufgeladen (ionisiert) und dadurch zum Leuchten angeregt wird. Ein kleiner Meteoroid kann dabei einen „Feuerball" erzeugen, der das Zweihundertfache seines eigenen Durchmessers annimmt. Diese leuchtende Gashülle wird durch die Flugbewegung vom Meteoroiden abgestreift und bildet seinen leuchtenden Schweif. Knisternde Geräusche begleiten die Erscheinung. Abspringende glühende Teilchen können einen Funkenregen erzeugen. Während des Tages beobachtet, hinterläßt ein Meteoroid nach dem Erkalten seines Schweifes eine Rauchfahne.
Beim Flug durch die Atmosphäre verliert ein Meteoroid durch „Verglühen" so viel seines Volumens, daß viele kleinere Objekte die Erdoberfläche überhaupt nicht erreichen. Oft bleibt nur ein kleiner Bruchteil einer in die Atmosphäre eindringenden Meteoroidenmasse als Meteorit erhalten. Wesentlich beeinflußt wird dieser

Vorgang von der Geschwindigkeit des Meteoroiden und seiner vom Eintrittswinkel abhängigen Flugzeit in der Atmosphäre.
Eisenmeteorite – so benannt nach ihrem Hauptbestandteil –, die den Flug durch die Atmosphäre überstehen, waren ursprünglich zwischen 3 und 300 Zentimeter groß. Kleinere Eisenmeteorite verglühen vollständig, größere werden durch den Aufprall zerstört.
Sind die Lichterscheinungen eines Meteoritenfalls über sehr große Strecken zu verfolgen, so lassen sich Schallerscheinungen nur in einem kleineren Umkreis um die Aufschlagsstelle vernehmen. Beim Meteoritenfall von Treysa in Hessen, 1916, war die Lichterscheinung des Eisenmeteoriten noch etwa 140 Kilometer von seinem Aufschlagspunkt entfernt zu sehen, während Geräusche nur in einem Radius von 50 bis 70 Kilometern hörbar waren.
Ein schnellfliegendes, die Schallmauer durchbrechendes Flugzeug verursacht einen Überschallknall, der durch eine vom Flugzeugbug ausgehende sogenannte Kopfwelle hervorgerufen wird. Bei einem durch die Atmosphäre stürzenden Meteoroiden verursacht eine derartige Kopfwelle donnerartige Geräusche. Durch die hinter dem Meteoroiden entstehenden Luftwirbel und Reflexionen des Schalls an Wolkendecken und Landschaftsoberflächen kommt es zu Donnerrollen wie bei einem Gewitter.
Ein himmlisches Feuerwerk mit Donnerrollen kann heute aber auch andere Ursachen haben. Bereits einige Male sind Satellitentrümmer und Reste von Raumstationen unter diesen Begleitumständen ungewollt zur Erde zurückgekehrt. Tonnenschwere Trümmer der sowjetischen Raumstation Saljut-7 stürzten 1991 auf die argentinischen Anden, und bereits 1979 gingen Teile der US-amerikanischen Raumstation Skylab über dem Indischen Ozean und Südwest-Australien nieder. Die außer Kontrolle geratenen künstlichen Erdtraban-

ten verursachen in Wechselwirkung mit der Erdatmosphäre ähnliche Ereignisse, wie sie auch bei einem Meteoritenfall zu beobachten sind.
Entsinnt man sich der zerstörerischen Wirkung von (im Vergleich mit Meteoriten) recht langsamen Geschossen wie etwa Gewehrkugeln, dann wird man bei einem Meteoritenaufschlag, dem sogenannten Impakt, fürchterliche Verwüstungen erwarten. Um so mehr überrascht die unterschiedliche Wirkung! Aus den zahlreich vorhandenen Fallbeschreibungen läßt sich ableiten, daß durch Meteorite bis zu einigen Tonnen Gewicht keine Einschlags- oder, wie es wissenschaftlich heißt, Impaktkrater entstehen. Statt dessen finden sich häufig enge Einschlagsröhren, die mehrere Meter Tiefe erreichen können. Oder es bilden sich nur flache Gruben. Trifft ein Meteorit auf Felsen, zerspringt er möglicherweise, ohne Spuren zu hinterlassen. Der berühmte Eisenmeteorit von Treysa in Hessen (1916), mit einem Gewicht von ursprünglich 63,28 Kilogramm, schlug ein 1,60 Meter tiefes Loch in weichen Waldboden.
Erst durch größere kosmische Körper kann es zu katastrophalen, explosiven Ereignissen kommen. Die dabei freigesetzte Energie kann sich dann allerdings auf ein Vielfaches von Nuklearexplosionen summieren.
Der Luftwiderstand der Erdatmosphäre, der Meteoroide durch Reibungshitze zum Verglühen bringt, bremst diese gleichzeitig auch wirkungsvoll ab.
Obwohl außerirdische Körper mit kosmischer Geschwindigkeit in die Lufthülle eindringen, werden kleine Körper so stark gebremst, daß sie durchschnittlich schon in Höhen von 10 bis 15 Kilometern ihre Eigengeschwindigkeit verloren haben. Von diesem Punkt an, dem sogenannten Hemmpunkt, fallen sie infolge der Erdanziehung nur noch zu Boden. Sie haben dann eine Fallgeschwindigkeit von etwa 100 bis 300 Metern pro Sekunde. Hat ein Meteoroid seine hohe Eigengeschwindigkeit verloren, enden auch die Licht-

und Schallerscheinungen. Im letzten Teil des Fluges wirkt die Luft als Kühlung, der Meteorit schlägt als dunkler Körper auf. Obwohl die Meteorite eben noch oberflächlich glühende Körper waren, sind sofort gefundene nur so warm, daß man sie mit bloßen Händen berühren kann. Die in der kurzen Zeit des Fluges durch die Atmosphäre erfolgte Erhitzung geht also schon am Ende ihres Falles wieder verloren. Wann der jeweilige Hemmpunkt erreicht ist, hängt vor allem von der Masse und dem Eintrittswinkel des Meteoroiden ab. Um noch mit einem Rest an Eigengeschwindigkeit die Erdoberfläche zu erreichen, muß die Masse in der Regel 10 Tonnen überschreiten. Für außerirdische Brocken über 100 Tonnen ist die Erdatmosphäre zu dünn, um sie wirkungsvoll abzubremsen. Folglich treffen solche Körper praktisch ungebremst mit ihrer kosmischen Geschwindigkeit auf die Erdoberfläche. Ihre Bewegungsenergie wird beim Aufprall explosionsartig umgesetzt und ruft Einschlags- oder Impaktkrater hervor, die Sprengkratern ähneln. Bei ihrem Flug durch die Atmosphäre komprimieren sehr große Meteoroide die Lufthülle dermaßen, daß sie zuweilen bereits an einer „Mauer aus Luft“ zerschellen.
Sieht man einmal von der äußerst seltenen Ankunft sehr großer kosmischer Körper von einigen hundert Meter Durchmesser ab, deren Einschlag Kontinente oder die gesamte Erde in Mitleidenschaft ziehen könnten, geht von außerirdischen Materiebrocken keine unmittelbare Gefahr aus.
Der größte Teil der auf die Erde treffenden Meteorite hat, wie sich aus Fundstatistiken ersehen läßt, nur geringe Größe. Da kleine Meteoroide in der Atmosphäre verglühen, erreichen nur wenige, und die auch nur sehr reduziert an Masse, die Erdoberfläche. Ein Großteil aller Meteorite fällt in die großen Wasserflächen der Erde, ein weiterer Teil geht unbemerkt und ohne Schaden anzurichten über Landgebieten nieder,

die, wie Wüsten, arktische Regionen oder Urwälder, dünn besiedelt sind.
So ist es nicht verwunderlich, daß nur wenige gesicherte Berichte vorliegen, bei denen ein Mensch von einem Meteoriten verletzt wurde. Einer dieser Fälle ereignete sich am 30. November 1954, als ein 3,8 Kilogramm schwerer Meteorit durch das Dach und die Wohnungsdecke eines Hauses in Sylacauga, USA, schlug, die schlafende Bewohnerin an der Hüfte traf und ihr schmerzhafte Prellungen zufügte.
Häuser wurden schon häufiger von Meteoriten getroffen, ohne daß jedoch Menschen zu Schaden gekommen sind. Dagegen ist vom Tod eines Hundes durch Meteoritentreffer in Zusammenhang mit dem Nakhla-Meteoroiden berichtet worden:
Nach Erscheinen einer Wolke und Detonationen fielen am 28. Juni 1911, morgens gegen 9 Uhr in Nakhla, Ägypten, 40 Steine mit einem Gesamtgewicht von circa 10 Kilogramm vom Himmel. Einer dieser Steine traf einen Hund und tötete ihn auf der Stelle.
Das vorerst letzte aufsehenerregende „Opfer" eines Meteoriten wurde ein alter Chevrolet Malibu im Staat New York/USA am Abend des 9. Oktober 1992. Unter dem Titel „Metcorite Mad on Wells Street" berichtete die örtliche Zeitung von Peekskill vom ungewöhnlichen Zusammentreffen eines rund 12,5 Kilogramm schweren Meteoriten mit einem geparkten Auto. Was zunächst für die kriminelle Tat eines sehr kräftigen Mannes gehalten wurde, erwies sich in Wirklichkeit als Meteoritenfall, nachdem ein etwa kopfgroßer Stein in einer flachen Vertiefung unter dem beschädigten Auto entdeckt wurde. Mit lautem Krachen hatte der Meteorit den Kofferraum des Wagens durchschlagen und die Nachbarschaft aufgeschreckt.
Die erstaunlich hohe Zahl größerer außerirdischer Brocken, welche in die Erdatmosphäre eindringen, kennt man erst, seitdem Spionagesatelliten die Erdober-

Das Opfer eines außergewöhnlichen Verkehrsunfalls: Der Chevrolet wurde am Abend des 9. Oktober 1992 vom 12,6 Kilogramm schweren Steinmeteoriten Peekskill im Staat New York/USA getroffen.

fläche flächendeckend überwachen. Aus jüngster Zeit ist bekannt, daß zwischen 1975 und 1992 pro Jahr durchschnittlich acht größere Explosionen registriert wurden, die durch Meteoroide hervorgerufen wurden. So raste am 1. Februar 1994 eine circa 3 000 Grad Celsius heiße und rund 1 000 Tonnen schwere Feuerkugel von Nordwesten über den Pazifik, rote und blaue Feuerzungen hinter sich herziehend, bevor sie 20 Kilometer über dem Meeresspiegel nahe den Tokelau-Inseln explodierte. Die von US-Satelliten registrierte Explosion erreichte dabei die Zerstörungskraft einer nuklearen 100-Kilotonnen-Bombe.

Beeindruckt von den imposanten Einschlägen der 19 sichtbaren, bis zu 1,5 Kilometer großen Fragmente des Kometen Shoemaker-Levy 9 auf Jupiter zwischen dem 16. und 22. Juli 1994 wird erneut über ein umfangreiches Frühwarnsystem nachgedacht, das die Aufgabe hätte, die erdnahen Bereiche des Weltraums auf bedrohliche Himmelskörper hin zu überwachen. Es soll Meteoroiden erfassen, also Asteroiden, deren zukünftige Umlaufbahnen um die Sonne sie auf Kollisionskurs mit der Erde führen könnten.

Bisherige Beobachtungen lassen vermuten, daß etwa 2 500 kilometergroße Objekte der Erdumlaufbahn sehr nahe kommen können, bei kleineren Körpern gehen die Zahlen der „Erdkreuzer" in die Zehn- bis Hunderttausende. Rechtzeitig entdeckt, ließen sich diese Brocken etwa durch Nuklearexplosion über ihrer Oberfläche oder durch das Anbringen von Sonnensegeln aus ihrer bedrohlichen Bahn lenken. Am besten wäre allerdings, diese bedrohlichen Körper zu verwerten, sie abzubauen. Viele der Meteoroiden sind wahre „fliegende Schatztruhen", denn sie enthalten mehr Eisen, Nickel, Kobalt und insbesondere Platinmetalle als die reichsten bekannten Erzvorkommen der Erde.

Ein Komet von 1,5 Kilometer Größe, vergleichbar mit dem größten Fragment des Shoemaker-Levy-Kometen,

würde bei einer wahrscheinlichen Aufprallgeschwindigkeit von 200 000 Kilometern pro Stunde auf der Erdoberfläche eine Energie freisetzen, die in etwa der Sprengkraft von 12 Millionen Hiroshima-Bomben entspräche. Auf dicht besiedeltes Gebiet wie in Europa gestürzt, hätte dies den Tod von Millionen von Menschen zur Folge. Ein Treffer ins Meer würde gewaltige Flutwellen auslösen und dadurch weite Landstriche verwüsten. Einschläge noch größerer Himmelskörper auf die Erde, die man heute mit dem Untergang der Dinosaurier in Zusammenhang bringt und die eine Vernichtung der gesamten Menschheit bewirken würden, sind glücklicherweise höchstens einmal in 100 Millionen Jahren wahrscheinlich.
Nicht zuletzt scheint sogar unser Mond das jahrmilliardenalte Resultat der Kollision eines Himmelskörpers mit der Ur-Erde zu sein. Wie Computersimulationen vermuten lassen, stieß ein etwa marsgroßer, bereits in Kern und Mantelbereiche differenzierter Körper mit der jungen Erde zusammen. Dabei verschmolzen letztlich die beiden Planetenkerne miteinander. Das Mantelmaterial des auftreffenden Körpers wurde verdampft, geschmolzen und in Stücke zerrissen auf eine Umlaufbahn um die Erde geschleudert, wo es sich zum Urmond formieren konnte.

Die Katastrophe in der russischen Taiga

Der vorerst letzte Zusammenstoß eines sehr großen außerirdischen Brockens mit der Erde ereignete sich am 30. Juni 1908 in einem unzugänglichen Teil der sibirischen Taiga im Gebiet der „Steinigen Tunguska“, eines Seitenarms des Jenissei. Noch 600 Kilometer vom Aufschlagort entfernt, in Kansk, sahen Reisende der Transsibirischen Eisenbahn einen gleißenden Feuerball von Sonnengröße über den Himmel huschen. Nachdem diese Lichterscheinung hinter dem Horizont ver-

Diese künstlerische Darstellung zeigt die Kometenfragmente von Shoemaker-Levy 9 auf Kollisionskurs mit Jupiter im Juli 1994.

schwunden war, erfolgte mit ungeheurem Donnerschlag eine gewaltige Explosion, die noch über 1 000 Kilometer hörbar war. Die durch die Explosion entstandene enorme Luftdruckwelle schleuderte im 65 Kilometer südöstlich gelegenen Handelsposten Vanowara einen Mann über mehrere Meter weit zu Boden, Fenster wurden zerschmettert, Türen eingedrückt und die Jurten der Tungusen umgeworfen.

In den folgenden Monaten war die Atmosphäre bis nach Europa von diesem Ereignis beeinflußt. Große Mengen feinsten Staubes, der durch die Explosion in die oberen Schichten der Atmosphäre gelangt war, trübten tagsüber die Sonneneinstrahlung. Durch Reflexion des Sonnenlichts an diesen Staubpartikeln folgten dagegen ungewöhnlich helle Nächte, in denen man in Westeuropa noch gegen Mitternacht ohne Beleuchtung Zeitung lesen konnte.

Erst 19 Jahre später gelangte die erste Expedition russischer Wissenschaftler in das unzugängliche Gebiet. 40 Kilometer vom Explosionsort entfernt stießen sie auf einen Wald, dessen Baumbestand gleichermaßen vom Zentrum abgewandt umgeknickt war. Näher am Zentrum, in einer 15–20 Kilometer weiten Zone, existierte ein „Wald von Telegraphenstangen“. Die Bäume standen standen zwar noch aufrecht, doch waren sie ihrer Kronen beraubt und zeigten Verbrennungsspuren. Im Zentrum des Geschehens war der Waldbestand völlig verbrannt. Doch die Wissenschaftler fanden weder einen Krater noch meteoritisches Material. Lange Zeit wurden daraufhin für diese Explosion so phantasievolle Erklärungen wie der Absturz eines außerirdischen Raumschiffs oder das Zusammentreffen von Materie und Antimaterie vorgebracht. Heute wird im allgemeinen ein meteoritischer Vorfall akzeptiert, bewiesen unter anderm durch winzige Schmelztröpfchen meteoritischen Materials aus Torfvorkommen der Umgebung. Computersimulationen haben inzwischen ergeben, daß

Beispiele berühmter Meteoritenschauer

Streufeld	*Falljahr*	*Anzahl*	*Gesamtgewicht (kg)*	*Ausdehnung des Streufeldes (km)*
L'Aigle, Frankreich	1803	3 000	37	4 x 10
Pultusk, Polen	1868	180 000	>> 200	1,5 x 8,0
Homestead, USA	1875	ca. 100	230	4,8 x 10,6
Holbrook, USA	1912	14 000	218	0,9 x 4,5
Simmern, BRD	1920	> 3	> 1	3 x 16
Sikhote-Alin, Rußland	1947	> 8 500	23 000	1 x 2,1
Allende, Mexiko	1969	5 000	> 2 000	10 x 50
Jilin, China	1976	> 100	> 4 000	10 x 67

wahrscheinlich ein zwischen 50 und 100 Meter großer Meteorit, sehr wahrscheinlich ein kohliger Chondrit, 6–10 Kilometer über der Erdoberfläche explodiert ist. Es konnte also kein Einschlagskrater entstehen. Aber die dabei erzeugte Druckwelle, vergleichbar mit der Macht Tausender Hiroshima-Bomben, konnte große Flächen der Taiga verwüsten.

Meteoritenschauer

Größere Meteoroiden können durch die Wechselwirkung mit der Erdatmosphäre bereits in großer Höhe auch auseinanderbrechen. Dabei wird der Meteoroid zwischen der vor ihm gestauten Luft und dem in seinem Rücken entstehenden Vakuum regelrecht in kleine Stücke zerrissen. Erreicht der so entstandene Schwarm kleiner Bruchstücke die Erdoberfläche, spricht man von einem Meteoritenschauer. Dabei können es nur ein paar oder wie bei dem berühmten Meteoritenschauer von Pultusk, Polen, im Jahr 1868 an die 180 000 einzelne Bruchstücke sein.
So wie der schräg auf den Boden geworfene Lichtkegel einer Taschenlampe gehen die Fragmente eines Schau-

ers bei geneigtem Einfallswinkel in einem in Einfallsrichtung ausgedehnten elliptischen Streufeld nieder. Verstärkt wird diese Verteilung dadurch, daß die schweren Fragmente eines Schauers, die durch die Luft am wenigsten abgebremst werden, die größten Strecken zurücklegen und in der Regel an der Vorderseite eines Streufeldes aufgefunden werden.
Eine Zusammenstellung bedeutender Meteoritenschauer der letzten Jahrhunderte läßt erkennen, daß diese – nur mit Ausnahme des Meteoritenschauers von Sikhote-Alin, Ostsibirien – aus den zerbrechlicheren Steinmeteoriten bestanden.
Das größte bekannte Streufeld der Welt stammt aus prähistorischer Zeit. Im südlichen Namibia bei Mukerup fand man über hundert große Eisenmeteorite auf einer Fläche von rund 120 mal 390 Kilometern. 31 große Exemplare dieses Schauers sind heute in der Innenstadt Windhoeks zu einem beeindruckenden Denkmal arrangiert.

Große Gibeon-Eisenmeteorite in der Poststraße von Windhoek, Namibia. Sie stammen aus einem prähistorischen Meteoritenschauer im Süden des Landes.

Meteorite – außerirdische Materie

Wird ein Meteoritenfall nicht aus unmittelbarer Nähe beobachtet, dann ist der genaue Aufschlagsort nur sehr schwer abzuschätzen. Folglich werden nach einem beobachteten Fall über weite Flächen meist alle ungewöhnlichen „Steine“ aufgelesen und von den Findern für Meteorite gehalten. Solche Pseudometeorite erweisen sich dann meist als Schlacken, dunkle Eisenerze, Sulfidknollen und andere Konkretionen oder Gesteine und Erze mit ungewöhnlichen Verwitterungserscheinungen. „Echte“ Meteorite weisen jedoch unverkennbare äußere und innere Merkmale auf.

Woran lassen sich Meteorite erkennen?

Die mit dem Durchdringen der Atmosphäre entstehende Reibungshitze und die damit einhergehende Aufschmelzung der äußeren Partien bewirkt, daß alle Meteoriten eine meist schwarze Schmelzkruste besitzen. Auf ihr zeigen sich oft Fließstrukturen, weil die geschmolzenen Anteile durch die Luftströmung vom Meteoroiden abfließen beziehungsweise abgestreift werden. Die häufig nur in Form eines papierdünnen Überzugs vorhandene Schmelzkruste besteht bei Steinmeteoriten fast immer aus einem schwarzen Glas. Bei Eisenmeteoriten besteht sie vorwiegend aus schwarzem Eisenoxid. Beim Liegen an der Erdoberfläche können Eisenmeteorite verwittern, rosten und dann eine bräunliche Färbung annehmen.
Die Formen der verschiedenen Meteorite reichen von knollig-rund bis hin zu Gebilden bei Eisenmeteoriten, die an Granatsplitter erinnern. Meteorite zeigen gelegentlich napfförmige Vertiefungen (Regmaglypten), die durch Luftturbulenzen während des Schmelzens entstehen. Grundsätzlich werden beim Abschmelzen in der Atmosphäre alle Meteoriten geglättet und gerundet. Durchquert ein Meteoroid in stabiler Lage die Atmosphäre, dann entwickelt sich ein sogenannter orientier-

Deutlich hebt sich die schwarze Schmelzkruste vom hellen Inneren des Achondriten Stannern, Tschechien, ab. Sie zeigt Fließstrukturen, weil durch Reibung geschmolzene Anteile der Meteorite beim Flug durch die Atmosphäre durch den Luftwiderstand abgestreift werden. (Größe 6 x 7 cm)

ter Meteorit mit einer glatten, oft kegelförmigen Vorderseite und einer weniger „bearbeiteten" Rückseite.

Die meisten Meteorite besitzen Merkmale, die sie von irdischem Material unterscheiden: Steinmeteorite sind zunächst an ihrer schwarzen Schmelzrinde zu erkennen, die sich deutlich – wie die Schale bei einem Apfel – vom meist hellen Inneren des Meteoriten absetzt. Ist diese Schmelzkruste nicht mehr vorhanden, weisen innere Gefügemerkmale auf Steinmeteorite hin. Bei der häufigsten Meteoritengruppe, den Chondriten, findet man im Bruch, besser im Anschnitt, bis zu erbsengroße kugelige Gebilde, die dieser Gruppe ihren Namen geben. Diese sogenannten Chondren sind in ihrer Zusammensetzung in keinem irdischen Gestein beobachtet worden.

Zudem führen die meisten Chondrite zahlreiche feine silberfarbene metallene Komponenten.

Am schwierigsten ist die Erkennung von Steinmeteoriten der Gruppe der sogenannten Achondrite. Achondrite sind Meteorite, die keine Chondren aufweisen und im Erscheinungsbild irdischen Gesteinen wie etwa Gabbros oder Basalten gleichen können. Geochemische Untersuchungen, Altersbestimmungen oder der Nachweis von Veränderungen im Gestein durch Impakteinwirkungen helfen dann, den Meteoriten zu identifizieren.

Eisenmeteorite erregen durch ihr hohes spezifisches Gewicht und ihren metallenen Charakter Aufmerksamkeit und werden deshalb auch am ehesten ohne Fallbeobachtung aufgefunden.

Ein einfacher erster Test zur Erkennung von Meteoriten läßt sich mit einem Magneten durchführen, da die metallenen Komponenten von Meteoriten von einem Magneten angezogen werden.

Eisenmeteorite bestehen aus Legierungen von Eisen und Nickel, wie sie auf der Erde nicht natürlich vorkommen. So ist ein Nachweis von Nickel in einem eisernen

Der erst kürzlich in der Libyschen Wüste entdeckte Chondrit Hammadah al Hamra 096 mit ausgeprägten Chondren (kugelige Gebilde) und brauner Schmelzkruste. (Größe 4 x 4,5 cm)

Chondren des libyschen Meteoriten Hammadah al Hamra 096. Solche Strukturen finden sich in keinem irdischen Gestein. (Ausschnitt 1 x 1,5 cm)

Fund ein sehr beweiskräftiges Indiz für einen Meteoriten.
Die häufigste Gruppe der Eisenmeteorite, die Oktaedrite, zeigen zudem nach Säurebehandlung einer anpolierten Fläche mit einem Gemisch aus Alkohol und Salpetersäure charakteristische Strukturen. Diese Muster wurden nach ihrem Entdecker, dem österreichischen Chemiker Alois Beck von Widmanstätten (1753–1849), benannt. Die Widmanstättenschen Figuren, hervorgerufen durch eine gesetzmäßige Verwachsung zweier unterschiedlicher Eisennickellegierungen, gibt es in irdischen Metallen nicht. Sie lassen sich in dieser Form auch nicht künstlich erzeugen und identifizieren daher immer unverwechselbar einen Meteoriten.
Die verschiedenen Steineisenmeteorite sind auch am Magnetismus und Nickelgehalt erkennbar. Unverwechselbar unter den Steineisenmeteoriten sind die Pallasite, die aus einem charakteristischen „Netzwerk“ aus Metall und gelben bis gelbgrünen oder bräunlichen Olivinkristallen bestehen.
Keinen Zweifel über die kosmische Herkunft eines Körpers hinterläßt die Untersuchung seiner Isotopenzusammensetzung. Beim Gang durch das Weltall ist der Meteorit einer kosmischen Strahlung ausgesetzt, die in ihm kurzlebige radioaktive Isotope erzeugt, die man in irdischen Gesteinen nicht nachzuweisen vermag.

Woraus bestehen Meteorite?

Unter dem Mikroskop betrachtet ist zu erkennen, daß Meteorite aus verschiedenen Mineralien aufgebaut sind.
Der geowissenschaftliche Begriff „Mineral“ bezeichnet anorganische, in der Natur auftretende Elemente oder Elementverbindungen, deren Atome nach einem strengen Baumuster, der Kristallstruktur, miteinander verknüpft sind. Minerale oder Mineralkombinationen wie-

Die angeätzte Scheibe des Eisenmeteoriten Turtle River, Minnesota/USA, zeigt die für Oktaedrite charakteristischen Widmanstättenschen Figuren, die durch eine gesetzmäßige Verwachsung zweier unterschiedlicher Eisennickellegierungen entstehen. (Scheibe 11 x 13 cm)

Widmanstättensche Figuren des Oktaedrits Buenaventura, Chihuahua/Mexiko.
(Ausschnitt 1,6 x 2,2 cm)

derum bauen die unterschiedlichen Gesteine auf, so wie verschiedene Farbsteine ein Mosaik ergeben.
Eisenmeteorite bestehen, wie bereits erwähnt, überwiegend aus Legierungen von Eisen mit etwas Nickel. Steinmeteorite setzen sich vorwiegend aus Silikaten, wie den Mineralen Olivin, Pyroxen und Plagioklas, zusammen, mit unterschiedlichen Anteilen feinverteilten Nickeleisens. Silikate, die Salze der Kieselsäure, sind auch die Hauptbestandteile der meisten irdischen Gesteine.
Die Steineisenmeteorite stellen ein Verbindungsglied zwischen den beiden erstgenannten Gruppen dar. Diese drei Meteoritengruppen werden anhand ihres Aufbaus und chemischer Gesichtspunkte noch weiter in Haupt- und Untergruppen untergliedert.
Neben den „irdischen" Mineralen treten in Meteoriten auch solche auf, die auf der Erde noch nicht gefunden worden sind. So die Eisennickellegierungen Kamazit und Taenit, die Hauptbestandteile der Eisenmeteorite. Elemente, die auf der Erde meist an Sauerstoff gebunden sind, haben sich aus Sauerstoffmangel in Meteoriten zuweilen andere chemische Partner gesucht, so wie beispielsweise das Calcium im Oldhamit, einem Calciumsulfid.
Eisenmeteorite werden aufgrund ihrer chemischen Zusammensetzung, insbesondere ihres Nickelgehaltes, in Oktaedrite, Hexaedrite und Ataxite gruppiert. Die weitere Untergliederung, sie repräsentiert in etwa die Mutterkörper, von denen die Meteorite stammen, erfolgt anhand ihrer Spurenelementmuster.
Die häufigen Oktaedrite bestehen aus Nickeleisen mit üblicherweise 7–15 Prozent Nickel.
Erkennbar an den Widmanstättenschen Figuren, hat sich der Nickelanteil der Oktaedrite im Laufe einer sehr langsamen Abkühlung von nur 10 bis 100 Grad Celsius pro 1 Million Jahre auf zwei Hauptphasen entmischt. Kamazit, auch Balkeneisen genannt, enthält nur rund

Der Eisenmeteorit Zagora, 1987 in Marokko entdeckt, führt viele dunkle Einschlüsse aus Silikaten. (Scheibe 11 x 17 cm)

Eisenmeteorit Zagora, Marokko, mit bronzefarbenen Einschlüssen des Eisensulfids Troilit sowie bräunlichen Silikaten. (Ausschnitt 1,3 x 1,9 cm)

5 Prozent Nickel und zeigt mit seinen plattigen Kristallen ein regelmäßiges Gerüst, angeordnet nach den Flächen eines Oktaeders. Dieses Gerüst ist in dünnen Schichten von der zweiten, nickelreicheren Phase, dem Taenit oder auch Bandeisen (circa 40 Prozent Nickel), belegt. Die Zwischenräume dieser Struktur enthalten Plessit beziehungsweise Fülleisen, das nur eine feine Verwachsung von überwiegend Kamazit mit Taenit darstellt.
Die im Gegensatz zu den Oktaedriten selteneren Hexaedrite verdanken ihren Namen der Eigenschaft, nach Würfeln (Hexaedern) zu spalten. Sie enthalten stets wenig Nickel und konnten keine Widmanstättenschen Figuren ausbilden.
Eine dritte Gruppe bilden die nickelreichen, feinkörnigen Ataxite, die nur Mikrostrukturen aufweisen. Obwohl Ataxite recht selten sind, gehört der größte Meteorit der Welt, Hoba, zu dieser Meteoritenklasse.
Neben den genannten Komponenten führen Eisenmeteorite eine Reihe weiterer Minerale, von denen hier mit Troilit (einem Eisensulfid) und Schreibersit (einem Eisenphosphid) nur zwei der häufigeren genannt seien. Troilit findet sich in Oktaedriten meist als bronzefarbene Tropfen, wohingegen Schreibersit oft in Form zinnweißer, hieroglyphenförmiger Gebilde oder feiner Nadeln auftritt.
Die Gruppe der Steineisenmeteorite gliedert sich in Pallasite und Mesosiderite, die sich durch unterschiedliche Anteile von Nickeleisen und Silikaten auszeichnen. Pallasite bestehen aus einem Oktaedrit-Netzwerk, dessen oft zentimetergroße Zwischenräume in fast allen Fällen mit Olivin besetzt sind. Die selteneren Mesosiderite führen in etwa gleichen Anteilen Silikate und Nickeleisen. Dabei ist das Nickeleisen zumeist tropfenförmig oder in Form kleiner Äderchen in einer hauptsächlich aus Pyroxen, Plagioklas und Gesteinsfragmenten bestehenden Grundmassse verteilt.

Dem Meteoriten Santa Clara, Mexiko, fehlen die für viele Eisenmeteorite charakteristischen Widmanstättenschen Figuren, er zeigt eine für Ataxite typische schlierige Bänderung. (Scheibe 9,5 x 15 cm)

Gelbe Olivinkristalle eingebettet in einer Eisennickellegierung: der Pallasit von Imilac, Chile. (Ausschnitt 7 x 10 cm)

War zu Beginn davon die Rede, daß Steinmeteorite oft irdischen Gesteinen ähneln, so gilt dies genaugenommen nur für die Achondrite. Achondrite sind Meteorite mit magmatischen Gefügen und Mineralzusammensetzungen, wie sie auch bei irdischen basaltischen und gabbroiden Gesteinen auftreten. Zudem führen sie in der Regel auch kein metallisches Eisen, wie sonst fast alle anderen Meteoritentypen. Zu den Achondriten zählen auch die „Mond- und Mars-Meteorite".
Die häufigsten Steinmeteorite sind allerdings die sogenannten Chondrite. Sie zeichnet ein besonderes Merkmal aus, die schon erwähnten Chondren. In allen Chondriten – mit Ausnahme der kohligen Chondrite der Klasse 1 – finden sich diese mehr oder weniger gut erhaltenen, meist zwischen 0,2 Millimeter und 5 Millimeter großen kugeligen Gebilde. Chondren sind Kügelchen silikatischer Zusammensetzung (Olivin, Pyroxen u. a.), die irdischen Gesteinen fremd sind. Es sind sehr frühe Produkte des solaren Urnebels, deren Entstehungsweise bis heute umstritten ist. Eine aktuelle Erklärungsweise sieht eine Entstehung über den schmelzflüssigen Zustand durch Blitzschlag in einem ansonsten relativ kalten solaren Urnebel. Chondrite werden aufgrund chemischer Merkmale in H-, L-, LL-, R-, E- und C-Gruppen klassifiziert und nach gesteinskundlichen Gesichtspunkten in die petrographischen Klassen 1–6 untergliedert, wobei Verwitterungsgrade und Schockzustände berücksichtigt werden.
Was ist der Grund für so unterschiedlich aufgebaute Meteoritentypen?
Die inneren Planeten unseres Sonnensystems haben einen metallenen Kern, der sich vorwiegend aus Eisennickellegierungen zusammensetzt. Mantel und Kruste unserer Planeten bestehen aus silikatischem Material. Die Ausbildung von Mantel und Kern erfolgte schon im schmelzflüssigen Frühstadium der Planeten. Aus einer Urschmelze entmischten sich eine schwere

Eine Systematik der Meteorite

Eisenmeteorite		
Oktaedrite	(Widmanstättensche Figuren)	
Hexaedrite *	(Geringe Nickelgehalte)	
Ataxite **	(Hohe Nickelgehalte)	
Steineisenmeteorite		
Pallasite *	(Oktaedrit – Netzwerk mit Olivin- und selten Pyroxenkristallen)	
Mesosiderite *	(Silikate und feinverteiltes Nickeleisen)	
Steinmeteorite		
Chondrite	Enstatit-Chondrite **	(E-Gruppe)
	Gewöhnliche Chondrite	(H-, L-, LL-Gruppe)
	Rumuruti-Chondrite ***	(R-Gruppe)
	Kohlige Chondrite *	(C-Gruppe)
Achondrite	Angrite ***	
	Aubrite **	
	Ureilite ***	
	HED-Gruppe*	Howardite, Eukrite, Diogenite
	PAC-Gruppe ***	Lodranite, Brachinite, Acapulcoite, Winonaite
	Mars-Gruppe ***	Marsbasalte und -lherzolite (Shergottite), -klinopyroxenite und -wehrlite (Nakhlite), -dunit (Chassignit) und -orthopyroxenit
	Lunare Gruppe ***	(Mondbasalte, -gabbros und -anorthosite)

Die Abkürzungen bei den Gruppenbezeichnungen der Chondrite stehen für:
H = high-iron, L = low-iron, LL = low iron – low metal, C = carbonaceous (kohlig bzw. kohlenwasserstoffhaltig); PAC = primitive achondrites.
* selten, ** sehr selten, *** nur in wenigen Exemplaren und geringen Mengen bekannt.

Der Achondrit Kenna aus New Mexico/USA zählt zu der sehr seltenen Gruppe der Ureilite (Scheibe 3,5 x 5 cm). Die Detailaufnahme zeigt, daß er sich hauptsächlich aus leistenförmigen Pyroxenen und Olivin zusammensetzt. Die bis heute rätselhaften Ureilite führen neben diesen beiden Mineralien zahlreiche winzige Diamanten und Kohlenstoff. (Ausschnitt 1,6 x 2,2 cm)

In der Nahaufnahme des Diogeniten Johnstown, Colorado/USA, sind rundliche grüne Orthopyroxene in der feinkörnigen hellen Grundmasse gut erkennbar. (Ausschnitt 1,1 x 1,6 cm)

metallische und eine leichte silikatische Schmelze (Gesteinsschmelze), die, wie zum Beispiel Wasser und Öl, nicht miteinander mischbar sind. Bei größeren Himmelskörpern sammelt sich infolge gravitativer Kräfte die schwere metallische Schmelze im Zentrum des Körpers und bildet einen metallenen Kern. Die Gesteinsschmelze bleibt in den Außenbezirken des Planeten als silikatischer Mantel beziehungsweise Kruste zurück.

Auch von kleinen Planetoiden, wie jenen, die im Asteroidengürtel vorkommen, nimmt man einen derartigen Werdegang an. Bei der Zerstörung solcher Kleinstplaneten im Asteroidengürtel entstehen Trümmer, die aus Kern- oder Mantelmaterial bestehen. Meteorite, die, wie wir bereits wissen, zum größten Teil dem Asteroidengürtel entstammen, können somit alle Bestandteile eines solchen Himmelskörpers aufweisen: Eisenmeteorite zum Beispiel als Fragmente des Metallkerns, Achondrite als Trümmer des Mantel- oder Krustenbereiches.

Dagegen entstammen Chondrite kleineren Himmelskörpern, bei denen es nicht zu Aufschmelzung und Differentiation, also zur Trennung unterschiedlich schwerer Bestandteile, kommen konnte. Sie haben sich vor circa 4,55 Milliarden Jahren zeitgleich mit Sonne und Planeten aus der solaren Urwolke, einer interstellaren Materiewolke, gebildet und haben aber seit ihrer Entstehung keine wesentliche Veränderung erfahren. In diesem Sinne die „primitivsten“ Meteorite sind die kohligen Chondrite der Klasse 1. Sie sind, dies ist anhand ihres Mineralbestandes erkennbar, nie über 100 Grad Celsius erhitzt worden. Sieht man vom Verlust leichtflüchtiger Elemente ab, haben sie sich seit ihrer Entstehung nicht mehr verändert.

Die kohligen Chondrite sind das ursprünglichste Material, das in unserem Sonnensystem erhalten ist. Sie präsentieren sich als das Baumaterial, aus dem sich die

Das typische dunkle Erscheinungsbild kohliger Chrondrite zeigt der Meteorit Nogoya, Argentinien. (Scheibe 5,5 x 7 cm)

Sonne, Planeten, unsere Umwelt und letztendlich auch wir Lebewesen uns entwickelt haben.
Die Elemente, aus denen die kohligen Chondrite, das Urmaterial, zusammengesetzt sind, mußten zu Anbeginn in fremden Sternen „erbrütet“ werden. Das führt uns über den Rand unseres Sonnensystems hinaus.
Große Sterne sind die Produktionsstätten, in denen durch Kernverschmelzungen alle uns bekannten Elemente entstehen. Sind diese Sterne ausgebrannt, kollabieren sie, das heißt, sie fallen zusammen und versprengen dann ihre Materie in gewaltigen Supernova-Explosionen in den Weltraum. Sie tragen dadurch zu den interstellaren Materiewolken bei, die sich wiederum zu Brutstätten neuer Planetensysteme entwickeln können.
So fließt in unseren Adern Blut, dessen Eisen aus dem „Herzen“ vergangener Sterne hervorgegangen ist.
Mikrometeorite und primitive kohlige Meteorite führen auch Kohlendioxid, Stickstoff und Wasser. Erhitzt man zum Beispiel eine Probe des Murchison-Meteoriten auf höhere Temperaturen, gibt sie Wasser ab.
Bei der Entstehung der Erde waren große Mengen dieser wasserhaltigen Materie am Aufbau beteiligt. Als die Ur-Erde sich immer weiter erhitzte und sich schließlich in glutflüssigem Stadium in einen Körper mit Kern, Mantel und Kruste wandelte, da entgasten die in der Urmaterie enthaltenen leichtflüchtigen Bestandteile Kohlendioxid, Stickstoff und Wasserdampf. Sie bildeten, von der starken Erdanziehung gehalten, eine Uratmosphäre. Als sich die Ur-Erde endlich abkühlte, kondensierte der Wasserdampf zu gewaltigen Wolken, aus denen Millionen Jahre lang starker Regen auf die Erde niederprasselte. Das Wasser sammelte sich auf der Erdoberfläche in den Vertiefungen und bildete schließlich erste Meere und Ozeane. In dieser an gelösten Bestandteilen reichen „Ursuppe“ sind die Anfänge des Lebens zu suchen.

Eine Aufnahme des Weltraumteleskops Hubble aus dem Sternbild Serpens. Wenn große Sterne ausgebrannt sind, fallen sie zusammen und versprengen ihre Materie in gewaltigen Supernova-Explosionen in den Weltraum. In den dunklen Staub- und Gaswolken entstehen neue Sterne.

Meteorite – der Schlüssel zur Entstehung der Erde?

Auch heute noch, im Zeitalter der Raumfahrt, sind Meteorite sowohl eine kostbare Informationsquelle für die Weltraumforschung als auch für die Erforschung unseres eigenen Planeten.
Mit ihnen hat der Mensch Material in den Händen, das er auf andere Weise nicht erreichen kann.
SNC-Meteorite etwa bleiben solange die einzigen Repräsentanten der Marsoberfläche, an denen direkte Untersuchungen vorgenommen werden können, bis eine Raumsonde Gesteinsmaterial vom Mars zur Erde transportiert.
Auch ein indirekter Blick ins Erdinnere ist durch Meteorite möglich.
Die am 12. Oktober 1994 eingestellte deutsche Bohrung des „Kontinentalen Tiefbohrprogramms" (KTB) bei Windischeschenbach in der Oberpfalz erreichte eine Endtiefe von 9,101 Kilometern. Eine mit großem technischen Aufwand betriebene Tiefbohrung auf der Kola-Halbinsel, Rußland, konnte eine Tiefe von 12 Kilometern erreichen. Doch in Hinblick auf den Erdradius von 6 380 Kilometern sind diese Bohrungen nur ein winziger Nadelstich in die „Außenhaut" des Planeten. Erdmantel und Erdkern bleiben dem Menschen verborgen. Wenn wir aber davon ausgehen, daß sich alle großen Körper im Inneren des Sonnensystems nach gleichem Muster entwickelt haben, können wir durch die Analyse von steinernen Achondriten (Mantelmaterial) und von Eisenmeteoriten (Kernmaterial) Hinweise auf die Entwicklung und den Aufbau des Erdinneren erhalten. Bestimmt man den Entstehungszeitpunkt von Chondriten durch radiometrische Messungen, also anhand ihrer inneren atomaren Uhr, so offenbaren sich Alter von 4,55 Milliarden Jahren. Vor eben diesen 4,55 Milliarden Jahren hat sich unser Sonnensystem aus einer kosmischen Gas- und Staubwolke gebildet.

Chondrite haben sich also gleichzeitig mit Sonne und Planeten entwickelt, sind aber im Gegensatz zu diesen großen Himmelskörpern nicht mehr grundlegend verändert worden. Sie sind durch Kondensation direkt aus der solaren Urwolke entstandene Materie, die uns wie ein Fossil eines ausgestorbenen Urtieres noch heute erhalten geblieben ist. An Meteoriten lassen sich daher die Bedingungen in der solaren Urwolke ableiten sowie Ursprung und Entwicklung des Sonnensystems studieren. Gesteine der Erde haben dagegen an einem ständigen Prozeß von Verwitterung, Wiederaufschmelzung und Rekristallisation teilgenommen und unterliegen damit einer ständigen Neuordnung. Mit einem selten älteren Kristallisationsalter als 2,5 Milliarden Jahre (die ältesten Gesteine, die man bis heute gefunden hat, haben ein Alter von 3,96 Milliarden Jahren) sind Erdgesteine schon mehrfach über einen schmelzflüssigen Zustand umgestaltet worden.
Kohlige Chondrite geben uns aber nicht nur Auskunft über Sonne und Planeten, sondern erlauben hin und wieder anhand winziger Mengen fremder Materie auch einen Blick über den Rand unseres Sonnensystems hinaus.
Letztlich spielen Meteorite eine Rolle in der anhaltenden Diskussion um die Entstehung des Lebens auf der Erde. Mit den kohligen Chondriten sind in der Frühzeit der Erde organische Verbindungen der Elemente Kohlenstoff, Wasserstoff, Sauerstoff und Stickstoff, unter anderem auch Aminosäuren, somit Grundbausteine „lebender Organismen“, zur Erde gelangt und haben möglicherweise die Entwicklung des Lebens wesentlich beeinflußt.

Fälle und Funde

Die Menge des jährlich zur Erde gelangenden Meteoritenmaterials ist größer, als man von den selten beobachteten Meteoritenfällen annehmen würde, denn der weitaus größte Teil dieser Masse rieselt in Form feinsten Staubes, als sogenannte Mikrometeoriten, auf die Erde nieder. Schätzungen liegen zwischen 10 000 und 40 000 Tonnen jährlich.
Bei den Mikrometeoriten handelt es sich hierbei um nur mikrometergroße „Materieflocken" vergangener Kometen und um winzige kosmische Kügelchen, die zu klein sind, um Sternschnuppen hervorzubringen. Sie werden bereits beim Eintritt in die Atmosphäre abgebremst und schweben langsam zur Erde. Der einzige sichtbare Hinweis auf diese Mikrometeorite ist das Zodiakallicht, ein im Frühjahr kurz nach Sonnenuntergang, im Herbst kurz vor Sonnenaufgang beobachtbares Leuchten am Himmel. Es wird von Ansammlungen kosmischen Staubes in den obersten Luftschichten hervorgerufen, die das Sonnenlicht reflektieren.
Die NASA konnte durch Experimente Mikrometeorite in der Stratosphäre nachweisen. Dabei fing man kosmische Partikel mit klebrigen Gewebestreifen, die von Spezialflugzeugen in 20 Kilometer Höhe durch die Atmosphäre geschleppt wurden. Größere Mengen meteoritischen Staubes fand man später auch in zusammengeschwemmten Schmelzrückständen grönländischer Gletscher.
Ist von Meteoriten die Rede, dann unterscheidet man zwischen sogenannten Fällen, das sind Meteoritenfunde, die mit Fallbeobachtungen einhergehen, und Funden, solchem Meteoritenmaterial, welches zufällig früher oder später nach einem Fall entdeckt worden ist.
Der größte bekannte Meteorit der Welt ist der 1920 entdeckte Hoba-Meteorit, ein Eisenmeteorit (Ataxit) von geschätzten 60 Tonnen Gewicht. Seine dicke Oxidationskruste läßt vermuten, daß er schon in prähisto-

Der größte bekannte Meteorit, Hoba, ein Ataxit von circa 60 Tonnen Gewicht, befindet sich an seinem Fundort nahe Grootfontein im Nordosten Namibias.

rischer Zeit gefallen ist. Sein Name leitet sich von seinem Fundort nahe der Hoba-Farm, 20 Kilometer westlich von Grootfontein, Namibia, ab. Dort befindet er sich heute noch.

Es ist kein Zufall, daß der größte Meteorit ein Eisenmeteorit ist. Fundstatistiken zeigen, daß Eisenmeteorite oft Gewichte von über 50 Kilogramm bis zu einer Tonne besitzen. Steinmeteorite jedoch sind selten größer als eine Faust, weil sie in Wechselwirkung mit der Erdatmosphäre zerrissen werden oder aber beim Aufprall zerspringen. Der größte Steinmeteorit, ein Chondrit, stammt aus einem Meteoritenschauer von insgesamt 4 Tonnen Gewicht in Jilin (früher Kirin), China, im Jahr 1976. Er besitzt gegenüber den vielen sehr schweren Eisenmeteoriten ein „bescheidenes" Gewicht von nur 1 770 Kilogramm.

Eine Statistik zur Materialverteilung aller beobachteten Meteoritenfälle auf Grundlage der Meteoritendatenbank „Metbase" (Meteorite Data Retrieval Software) zeigt 890 Steinmeteorite, 45 Eisenmeteorite und nur 11 Steineisenmeteorite – rund 94 Prozent aller Meteorite, die die Erde erreichen, sind also steiniger Natur.

Von den in besiedelten Gegenden zufällig aufgefundenen Meteoriten haben Eisenmeteorite einen erheblich höheren Anteil. Der Grund hierfür ist leicht ersichtlich, berücksichtigt man das den irdischen Gesteinen sehr ähnliche Aussehen der Steinmeteorite und deren sehr schnelles Verwittern. Eisenmeteorite dagegen sind durch ihr ungewöhnliches Erscheinungsbild an der Erdoberfläche sehr auffällige Fremdkörper.

Nicht nur der große wissenschaftliche Wert, sondern auch das starke Interesse privater Sammler haben zu einer wahren Jagd nach Meteoriten geführt.

Große Erfolge auf der Suche nach Meteoriten verzeichnete der 1986 verstorbene Harvey Nininger, ehemals Biologiedozent am McPherson College in Kansas, USA. In 60 Jahren intensiven Nachforschens konnte er eine

Der mit 31 Tonnen schwerste Meteorit der Cape-York-Eisenmeteorite, Ahnighito, auf seinem Transport in das American Museum of Natural History, New York. Inuit (Eskimos) hatten den Polarforscher Robert E. Peary 1894 auf die Existenz dieser Meteorite aufmerksam gemacht.

Funde und Fälle großer Meteoritenmassen

Steinmeteorite	*Funddatum*	*Gesamtgewicht (kg)*	*Anzahl der Stücke*
Jilin, VR China*	1976	> 4 000	viele
Allende, Mexico*	1969	> 2 000	viele
Tsarev, Rußland	1968	1 225	44
Norton County, USA*	1948	1 073	> 100

Der weltgrößte Steinmeteorit mit 1770 Kilogramm stammt aus dem Fall von Jilin. * Fälle

Eisenmeteorite

Hoba, NO-Namibia	1920	ca. 60 000	1
Cape York, Grönland	1818	58 300	8
Campo del Cielo, Argentinien	1576	ca. 50 000	mehrere
Canyon Diablo, Arizona	1891	ca. 30 000	viele
Gibeon, Namibia	1836	> 26 000	viele
Sikhote-Alin, Rußland*	1947	> 23 000	> 8500
Toluca, Mexiko	<1776	ca. 2 500	viele
Henbury, Australien	1931	ca. 1 300	viele
Odessa, Texas/USA	<1922	ca. 1 000	viele

Der größte Eisenmeteorit, Hoba, befindet sich noch an seinem Fundort. * Fall

Steineisenmeteorite

Brenham, Kansas/USA	1882	ca. 4 300	viele
Vaca Muerta, Chile	1861	ca. 3 828	viele
Huckitta, Australien	1924	> 2 300	2
Imilac, Chile	1822	ca. 920	viele

Der größte einzelne Steineisenmeteorit, ein Pallasit von über 1 400 Kilogramm Gewicht, stammt von Huckitta.

Bergung des bis heute größten bekannten Steinmeteoriten, Jilin (1 770 Kilogramm), aus fünf Meter Tiefe an der Einschlagstelle im Nordosten Chinas. Insgesamt fielen hier Meteorite mit einem Gesamtgewicht von etwa 4 000 Kilogramm.

Privatsammlung zusammentragen, die 6 000 Fragmente von 690 verschiedenen Meteoriten aufwies. Jahrelang fuhr er über Land und ließ sich von möglichst vielen Augenzeugen eines Meteoritenfalls berichten, um aus diesen Schilderungen ein eng umgrenztes Areal für seine anschließenden Suchaktionen zu ermitteln. In fundträchtigen Gebieten ließ Nininger auch starke Magneten über den Erdboden schleppen oder Metalldetektoren verwenden, um so metallführende oder metallene Meteorite aufzufinden. Zudem nutzte er jede Gelegenheit für Vorträge, bei denen er auch Meteoritenproben vorlegte, um von seinen Zuhörern Hinweise zu erhalten, die so etwas irgendwo gesehen oder gar schon als „merkwürdigen Stein" aufgelesen hatten. Versuche anderer Wissenschaftler, miteinander verknüpfte Beobachtungskameras für die Meteoritensuche zu nutzen, erwiesen sich aber als nicht sehr ergiebig. Mit ihnen hatte man gehofft, Meteore aus verschiedenen Blickwinkeln zu erfassen und dadurch den Aufschlagsort ermitteln zu können.
Die günstigsten Voraussetzungen für Meteoritenfunde existieren heute in den kalten und heißen Wüsten unserer Erde.

Meteorite aus kalten und heißen Wüsten

Schon im Dezember 1912 wurde bei einer vierjährigen australisch-asiatischen Südpolar-Expedition ein erster antarktischer Meteorit entdeckt. 1969 waren erst vier Meteoritenfunde aus der Antarktis bekannt, als eine japanische Expedition in den Yamato-Bergen neun Meteorite auf engem Raum eines Gletschers fand. Da es sich um unterschiedliche Meteorite handelte und somit kein kleines Streufeld eines zerplatzten Meteoriten vorliegen konnte, erregte der Fund die Aufmerksamkeit der Wissenschaftler. Eine konzentrierte Forschungstätigkeit begann.

Gezieltes Suchen in den siebziger Jahren, wie etwa durch die japanisch-amerikanischen ANSMET-Expeditionen (ANtarctic Search for METorites), erbrachte über 7 500 Meteorite und Meteoritenfragmente. Bis 1995 hat sich die Zahl antarktischer Funde auf rund 15 900 erhöht, die von maximal 12 100 verschiedenen Meteoriten stammen. Eine gewaltige Anzahl, wenn man berücksichtigt, daß vor 1969 weltweit insgesamt nur 819 Fälle und 1 235 Funde verschiedener Meteorite bekannt waren.

Mit Sicherheit gehen in der Antarktis nicht mehr Meteorite als auf andere Gebiete der Erde nieder. Doch einerseits fällt ein dunkler metallener Meteorit oder ein mit einer schwarzen Schmelzrinde umgebener Steinmeteorit in der weißen steinlosen Eiswüste sehr leicht ins Auge; andererseits hatte man schon sehr früh vermutet, daß es einen Prozeß geben muß, der zu einer Konzentration von Meteoriten auf den Gletschern führt. Denn erneute Schneefälle und das Einschmelzen der dunklen sonnenerwärmten Körper in den eisigen Untergrund lassen einen Meteoriten sehr schnell wieder den Blicken entschwinden.

Schneemassen, die sich auf dem antarktischen Plateau angesammelt haben, werden unter ihrer eigenen Last zu Eis, das kontinuierlich langsam zu den Rändern hin abfließt, wo große Eismassen ins Meer stürzen und als Eisberge auf die Reise gehen. Dies ist auch der Grund für die Meteoritenansammlungen. Die über Jahrtausende auf das Eis gefallenen und dann eingeschlossenen Meteorite werden mittransportiert. Gebirgsketten im Untergrund der mächtigen Eisströme wirken als Barrieren, an denen das Eis gestaut und dann durch die nachfolgenden Eismassen hochgepreßt wird. An der Oberfläche zeigt sich das Eis hier mit einem blauen Schimmer, weshalb man auch von Blaueisfeldern spricht. Hohe Windgeschwindigkeiten und Sonneneinstrahlung führen zur Verdunstung des Eises, so daß die im Eis

eingeschlossenen Meteorite aus ihrem eisigen Versteck auftauchen und sich an der Eisoberfläche ansammeln.
Obwohl auch große Meteorite in der Antarktis gefunden werden, ist der „typische" antarktische Meteorit nur etwa olivengroß. Auch die Mehrzahl der Meteorite außerhalb der Antarktis tendiert deutlich unter 100 Gramm. In den meisten Regionen der Erde sind Meteorite daher, im Gegensatz zur Situation auf antarktischen Blaueisfeldern, allein aufgrund ihrer geringen Größe nur schwer wiederzufinden. Zudem sind gerade die wissenschaftlich besonders interessanten Steinmeteorite eher klein und, wie schon erwähnt, in unserem Klima bereits nach kurzer Zeitspanne verwittert. Tiefgefroren im antarktischen Eis bleiben sie über sehr lange Zeiträume geschützt. So ergaben radiometrische Altersbestimmungen an antarktischen Meteoriten terrestrische Alter, also Verweilzeiten auf der Erde, von durchschnittlich 100 000 Jahren. Einige Meteorite, so konnte man nachweisen, waren bereits 1 Million Jahre im Eis konserviert!
Die hohe Zahl der in kurzer Zeitspanne gefundenen antarktischen Meteorite – den rund 12 100 verschiedenen Meteoriten der südlichen Polarflächen stehen lediglich 3 300 aus anderen Regionen der Erde gegenüber – und ihr guter Erhaltungszustand haben dazu geführt, daß neues und ausgefallenes Meteoritenmaterial entdeckt wurde.
So erfüllten sich die Hoffnungen der Wissenschaftler, als 1981 in den antarktischen Allan Hills ein erster, 32 Gramm schwerer sogenannter Regolith-Meteorit entdeckt wurde. Seine Ähnlichkeit mit Mondgestein wurde sofort von Expeditionsmitgliedern erkannt, die auch schon an lunaren Apollo-Programmen beteiligt waren. Bis 1996 wurden elf von den weltweit überhaupt nur zwölf Mondmeteoriten in der Antarktis gefunden.
Aber nicht nur Gesteine des Mondes haben die Expedi-

Ein Eisenmeteorit an seinem Fundpunkt Marble Point auf dem antarktischen Eis von Viktorialand. Über 12 000 verschiedene Meteorite (15 900 inkl. Bruchstücke) wurden bisher in der Antarktis entdeckt.

tionen in die Antarktis hervorgebracht, sondern es wurden auch fünf Meteorite entdeckt, für die eine Herkunft vom Mars sehr wahrscheinlich ist.
Die gezielte Suche nach Meteoriten in der Antarktis ist qualitativ und quantitativ so erfolgreich, daß inzwischen auch in anderen Regionen der Erde mit ähnlichen Voraussetzungen nach ihnen geforscht wird. Geeignete Fundgebiete sind dabei vor allem die großen Wüstengebiete der Erde.
Die 1989 gegründete Forschungsinitiative EUROMET, die ursprünglich mit der Meteoritensuche in der kalten Wüste Antarktis befaßt war, hatte bald auch ihre Aktivitäten auf heiße Wüstengebiete ausgedehnt. Der aus 50 Instituten 15 europäischer Länder bestehende Forschungsverbund hat sich die Entwicklung und Förderung der Meteoritenforschung zum Ziel gesetzt.
Um einen Meteoriten nach seinem Fall auch noch nach längerer Zeit wiederzufinden, muß eine Reihe von Voraussetzungen erfüllt sein.
Der größte Teil aller Meteoriten fällt ohnehin in die 71 Prozent der Erdoberfläche bedeckenden Meere, in undurchdringliche Wälder oder unübersichtliche Gebirge. Feuchtes Klima in den meisten Regionen der Erde bewirkt zudem ein schnelles Verwittern.
Um einen Meteoriten auf der Erdoberfläche wiederzufinden, muß er sich vom Untergrund abzeichnen. Das potentielle Fundgebiet muß übersichtlich, das heißt eben und vegetationslos sein. Feuchtigkeit ist auszuschließen, und es muß gewährleistet sein, daß der gefallene Meteorit nicht nach kurzer Zeit von Sand und Staub bedeckt wird.
Derartige Verhältnisse existieren auch in den großen Wüstengebieten der Erde nur an wenigen Stellen. Es sind flache, vom ständigen Wind leergefegte, trockene Ebenen, deren heller Untergrund die meist dunklen Meteoriten bereits aus großer Distanz als auffällige Objekte erkennen läßt.

Seine schwarze Schmelzkruste hebt den Steinmeteoriten weithin sichtbar vom hellen vegetationslosen Untergrund der Hammadah al Hamra-Wüste Libyens ab.

Um ein erfolgreiches Fundgebiet abzugeben, müssen dort jene Umweltbedingungen über Zehntausende von Jahren existieren, so daß die Fläche über lange Zeiträume Meteorite „sammeln“ kann.
Wissenschaftliche Forschungen haben ergeben, daß statistisch gesehen innerhalb von 1 000 Jahren mindestens ein mehr als 10 Gramm schwerer Meteorit auf eine Fläche von einem Quadratkilometer fällt. In einigen Wüstengebieten der Erde haben sich die Verhältnisse über sehr lange Zeiträume nicht verändert. Und hier – der Funderfolg gibt der Statistik recht – werden ungewöhnlich viele Meteorite entdeckt. Allein in algerischen und libyschen Wüstengebieten hat man unter diesen Gesichtspunkten in den letzten acht Jahren 750 Meteorite sammeln können.

Fälle und Funde im deutschsprachigen Raum

Seit 1647 gibt es mit dem Fall von Stolzenau bei Minden gesicherte Angaben über Meteoritenfälle im deutschsprachigen Raum. In den nachfolgenden 349 Jahren sind in Deutschland nur 45, in Österreich sechs und in der Schweiz sieben Meteorite gefunden worden. Bei über der Hälfte dieser Meteorite wurde auch der Fall beobachtet.
Mit einer Ausnahme wurden nach allen Fallbeobachtungen nur Steinmeteorite gefunden, überwiegend handelte es sich dabei um gewöhnliche Chondrite.
Der Fall des größten Steinmeteoriten mit einem Gewicht von rund 19,5 Kilogramm ereignete sich am 20. November 1768 im bayerischen Mauerkirchen, heute Oberösterreich.
Bei den 20 bisher bekannten Funden ohne vorausgehende Beobachtungen handelt es sich meist um die markanten Eisen- und Steineisenmeteorite, die aufgrund ihrer Verwitterungsresistenz noch lange nach ihrem Fall erhalten bleiben.

Der einzige Eisenmeteorit, dessen Fall beobachtet werden konnte, ist der 63 Kilogramm schwere Oktaedrit von Treysa, Hessen. Am 3. April 1916 wurde eine Feuerkugel von vielen Beobachtern zwischen Bielefeld im Norden und Frankfurt im Süden gesehen. In einem Umkreis von 60 Kilometern um Treysa waren Schallerscheinungen hörbar. Nach verschiedenen Augenzeugenberichten konnte der berühmte Naturwissenschaftler Alfred Wegener die Bahn des Meteoriten berechnen und die wahrscheinliche Aufschlagstelle angeben. Bei einer Suchaktion wurde der Meteorit dann etwa ein Jahr nach dem Fall tatsächlich in der Nähe der angegebenen Position gefunden. Man fand einen Eisenmeteoriten mit einer maximalen Ausdehnung von etwa 30 Zentimetern, der 1,60 Meter tief in den Waldboden und darunterliegenden Buntsandstein eingedrungen war.

Von Sachschäden oder der Gefährdung von Menschen sind bisher in unserer Region nur wenige Fälle bekannt: 1962 ereignete sich in Schleswig-Holstein ein Meteoritenfall, bei dem ein Haus getroffen wurde. Am 26. April 1962, gegen 13. 45 Uhr vernahm der Pächter eines Anwesens in Kiel-Pries vom Wohnraum seines Hauses plötzlichen, lauten Krach im darüberliegenden Dachboden. Als er der Sache am darauffolgenden Vormittag nachging, entdeckte er in Firstnähe ein etwa 10 Zentimeter großes Loch im Dach. Beim Durchsuchen des Dachbodens fand er einen 737,6 Gramm schweren, rund 5 mal 11 Zentimeter großen Steinmeteoriten, den die Universität Kiel wenig später als Chondriten identifizierte.

Der Steinbach-Meteorit wurde bereits 1724 gefunden. (Scheibe 8,5 x 11 cm)

Ungewöhnlich ist der Aufbau des Steinbach-Eisenmeteoriten: Die Detailaufnahme zeigt eine graumetallische Eisennickelkomponente mit Widmanstättenschen Figuren neben bräunlichen Pyroxenen.
(Ausschnitt 2 x 3 cm)

Fälle und Funde im deutschsprachigen Raum

	Meteoritenfälle	*Jahr*
1	Kiel	1962
2	Bremervörde	1855
3	Trebbin	1988
4	Menow	1862
7	Oldenburg	1930
9	Salzwedel	1985
10	Linum	1854
11	Stolzenau	1647
13	Ibbenbüren	1870
14	Oesede	1927
16	Erxleben	1812
17	Barntrup	1886
18	Gütersloh	1851
19	Ramsdorf	1958
20	Peckelsheim	1953
21	Klein-Wenden	1843
23	Forsbach	1900
24	Pohlitz	1819
25	Treysa	1916
30	Breitscheid	1956
31	Meuselbach	1897
33	Rodach	1775
34	Hungen	1877
36	Simmern	1920
39	Darmstadt	1804
40	Krähenberg	1869
42	Eichstädt	1785
43	Ortenau	1671
44	Prambachkirchen	1932
45	Mauerkirchen	1768
46	Mässing	1803
47	Schönenberg	1846
49	Lanzenkirchen	1925
50	Minnichhof	1905
53	Utzenstorf	1928
55	Ulmiz	1926
56	Menzyswil	1903
58	Chervettaz	1901

	Meteoritenfunde	*Jahr*
5	Emsland	1940
6	Benthullen	1951
8	Niederfinow	1950
12	Hainholz	1856
15	Obernkirchen	1863
22	Nenntmannsdorf	1872
26	Tabarz	1854
27	Marburg	1906
28	Aachen	1880
29	Dermbach	1924
32	Steinbach	1724
35	Mainz	1852
37	Bitburg	1805
38	Gilzem	1987
41	Unter-Mässing	1920
48	Ybbsitz	1977
51	Mühlau	1877
52	Twannberg	1984
54	Rafrüti	1886
57	Langwies	1985

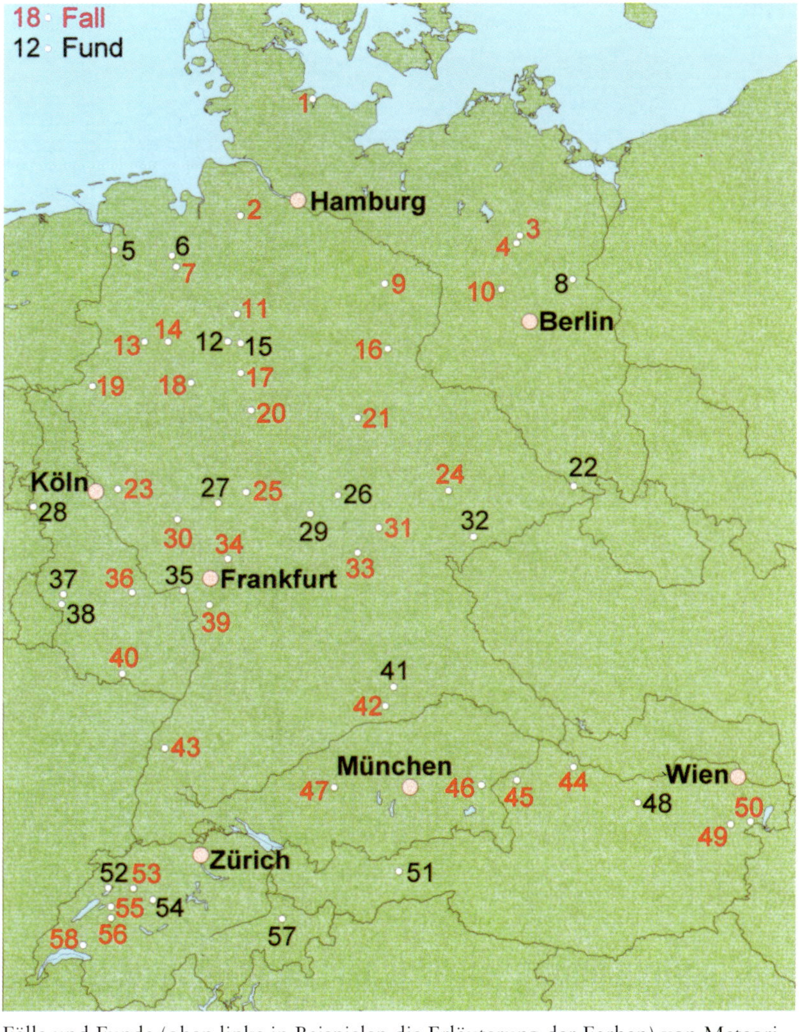

Fälle und Funde (oben links in Beispielen die Erläuterung der Farben) von Meteoriten im deutschsprachigen Raum. Stand 1996.

Der gewöhnliche Chondrit Linum, Brandenburg, fiel am 5. September 1854. Deutlich erkennbar sind die in Chondriten typischen metallenen Bestandteile. Sie sind hier von Rost befallen. (Scheibe 4 x 8,5 cm)

Am 13. Mai 1855 fiel dieser Meteorit bei Gnarrenburg südwestlich von Bremervörde in Niedersachsen. Es ist ein gewöhnlicher Chondrit mit deutlich erkennbaren Chondren. (Scheibe 6 x 10 cm)

Einschlagskrater und ihre Geheimnisse

In einem der vorhergehenden Kapitel haben wir bereits erfahren, daß kleinere Meteoriten durch die Erdatmosphäre abgebremst werden und dann nur noch mit geringer Geschwindigkeit zur Erde fallen. Sie verlieren dabei einen erheblichen Teil ihrer Masse, kleinere Meteoriten können im Flug durch die Atmosphäre vollständig verglühen.
Die Eigengeschwindigkeit eines kosmischen Körpers von etwa 10 Tonnen Gewicht könnte von der Erdatmosphäre nicht mehr wirkungsvoll abgebremst werden. Er hätte beim Aufprall noch die gewaltige Geschwindigkeit von rund 4 Kilometern pro Sekunde, das entspräche 14 400 Kilometern pro Stunde und würde einen Einschlagskrater hervorrufen.
Die Mehrzahl der heute als Einschlagstrukturen erkannten Meteoritenkrater haben Durchmesser unter rund 15 Kilometern, obgleich die größten bekannten irdischen Impaktstrukturen, wie Sudbury in Ontario, Kanada (250 Kilometer), Vredefort, Südafrika (300 Kilometer), oder Chicxulub im Meeresgrund vor der mexikanischen Halbinsel Yucatán (ca. 300 Kilometer), bis zu mehrere hundert Kilometer im Durchmesser erreichen.
1995 waren weltweit 148 Krater und Kraterfelder bekannt. Jährlich entdecken Geowissenschaftler vier bis fünf weitere.

Der Aufprall eines Meteoriten

Die Vorgänge beim Aufprall eines großen Meteoriten lassen sich vereinfacht mit drei ineinander übergehenden Phasen erklären.
Trifft ein großer kosmischer Körper auf die Erdoberfläche, dann werden dieses Projektil und der Untergrund während der Kompressions- oder Verdichtungsphase in Bruchteilen von Sekunden extrem zusammengepreßt. Ein Teil der gewaltigen Bewegungsenergie wird in

Eine Narbe im Antlitz der Erde: der 1200 Meter weite, nur 50 000 Jahre alte Barringer-Impaktkrater, Arizona/USA.

Wärme umgesetzt. Ein kugelförmiger Steinmeteorit von 900 Meter Durchmesser beispielsweise, der mit einer Eigengeschwindigkeit von 20 Kilometern pro Sekunde auf die Erdoberfläche prallt, würde einen Maximaldruck von etwa dem 4,5millionenfachen der Erdatmosphäre und Temperaturen von circa 15 000 Grad Celsius hervorrufen. Die Folge wäre ein explosionsartiges Verdampfen von Meteorit und Untergrund. Mit dem Verdampfen beginnt die Auswurf- oder Aushöhlungsphase, während der durch das Herausschleudern von Gesteinsmaterial aus dem Untergrund ein tiefer Primärkrater entsteht.

In der Deformationsphase wird der primär gebildete Krater abschließend durch zurückstürzende Gesteinstrümmer, nach innen rutschende Kraterränder und Hebungen des Kraterbodens infolge Druckentlastung noch umgeformt. Bei großen Kratern entstehen zudem im Kraterinneren zentrale Erhebungen oder Ringstrukturen.

Die detaillierten Kenntnisse über die Vorgänge beim Einschlag eines Meteoriten resultieren nicht zuletzt aus Versuchen mit einer Art Kanone („vertical light gas gun“) am „Ames Forschungszentrum“ der NASA in Kalifornien. Dieses drei Stockwerke hohe Gerät kann eine kleine Kugel mit einer kosmischen Geschwindigkeit von 40 000 Kilometern pro Stunde auf kleine Testlandschaften aus Gestein oder Boden abfeuern. Von Hochgeschwindigkeitskameras aufgezeichnet, lassen sich anschließend die Vorgänge eines Impaktes Phase für Phase beobachten und analysieren.

Berechnungen von Astronomen kommen zu dem Ergebnis, daß Riesenmeteorite mit über 10 Milliarden Tonnen Gewicht im Durchschnitt alle 1 Million Jahre die Erde treffen. Somit müßte sie seit ihrer Entstehung vor rund 4,5 Milliarden Jahren rund 4 500mal von solchen Riesenmeteoriten getroffen worden sein. Doch wo sind die Narben dieser Einschläge? Benachbarte Him-

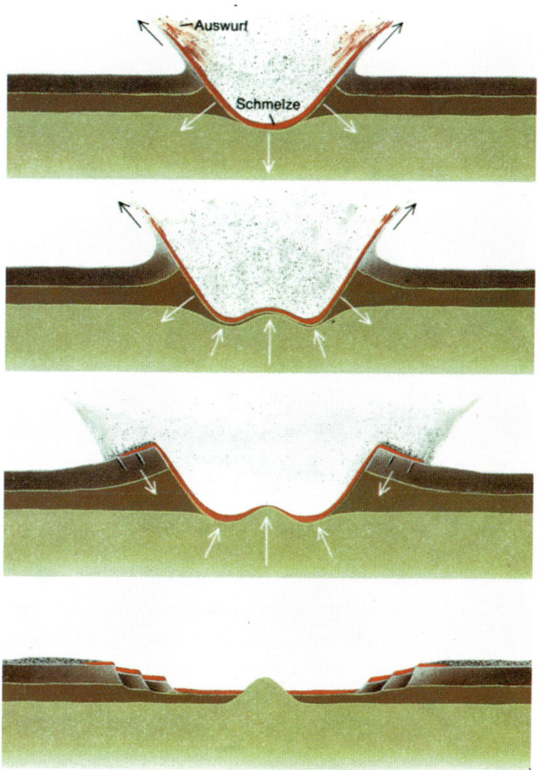

Schematische Entstehung eines komplexen Impaktkraters mit staffelförmig abgesunkenem Kraterrand und zentraler Erhebung. Die Pfeile zeigen die Richtung der wirkenden Kräfte an.

melskörper der Erde, wie etwa der Mond, zeigen eine kraterübersäte Oberfläche. Da sich der Mond, dessen viele große Krater man des Nachts mit bloßem Auge erkennen kann, und die Erde schon seit langer Zeit eng beieinander befinden, kann man davon ausgehen, daß sie in annähernd gleichem Maße von Meteoriten getroffen wurden. Die Erde müßte also eigentlich eine ähnlich verkraterte Oberfläche wie der Mond aufweisen. Tatsächlich finden sich auf der Erde aber nur selten so deutlich erkennbare Krater wie beispielsweise der 22 000 Jahre alte Krater Canyon Diablo (Barringer) in Arizona, USA. Meteoritenkrater wie dieser sind meist von geologisch sehr jungem Alter. Sie sind noch nicht durch die dynamischen geologischen Prozesse der Erdoberfläche versteckt oder ausradiert worden. Ganz anders als auf dem Mond, unterliegen irdische Krater der Verwitterung und Abtragung. Auch sogenannte plattentektonische Prozesse lassen Krater verschwinden. Da unsere Erdkruste aus vielen einzelnen Platten besteht, die aneinander vorbeitreiben oder sich übereinander schieben wie Eisschollen auf einem Gewässer, können Krater, die sich auf einer abtauchenden Scholle befinden, in das Erdinnere verschluckt werden. Darüber hinaus entschwinden Krater unserer Sicht auch, weil sie von jüngeren Gesteinsablagerungen überdeckt werden oder in die Auftürmung neuentstehender Gebirge geraten.

Viele Krater mögen noch unter ewigem Eis verborgen sein oder bisher unentdeckt auf dem Grund der Meere liegen. So fanden Forscher erst vor einigen Jahren 200 Kilometer südöstlich vor Neuschottland, Kanada, den 60 Kilometer weiten Montagnais-Krater auf dem Boden des Atlantiks.

Doch auch wenn der ursprüngliche Krater verschwunden ist, kann der Experte im Untergrund Indizien ermitteln, die auf einen Meteoritenimpakt hindeuten. Oft sind es nur undeutlich erkennbare kreisförmige

Strukturen, wie etwa bei ungewöhnlich rund geformten Gewässern, die am besten aus der Luft- oder Satellitenperspektive erkennbar sind. Hier bedarf es dann geowissenschaftlicher Folgeuntersuchungen am Boden, um einen meteoritischen Ursprung sicher nachzuweisen. Ein eindeutiger Beweis für den Einschlag eines Meteoriten ist gegeben, wenn sich in einem oder in der Nähe eines vermuteten Kraters meteoritisches Material auffinden läßt. Doch nur bei kleinen Kratern bleibt nach dem Impakt noch Material erhalten. Bei sehr großen Einschlägen verdampft der gesamte Meteoritenkörper. Erst Anfang des 20. Jahrhunderts setzte sich diese Erkenntnis durch. Zuvor hatte Daniel Moreau Barringer, ein Unternehmer und Ingenieur aus Philadelphia, versucht, durch Bohrungen und Schachtabsenkungen am nach ihm benannten Barringer-Krater (Canyon Diablo), die aufgrund von Bruchstücken in der Umgebung des Kraters erhoffte Hauptmasse des Eisenmeteoriten zu finden. Versprach doch der Eisenmeteorit einige hunderttausend Tonnen reinen Erzes an Eisen, Nickel und Cobalt sowie wertvolle Platinmetalle zu enthalten. Mehrere Millionen Dollar wurden, wie so oft auf der Suche nach Erz, vergeblich investiert. Nach heutigen Erkenntnissen mußten alle Versuche erfolglos bleiben, da bei einem Impakt dieser Größe bereits die Hauptmasse des Meteoriten verdampft.

Europäische Impaktstrukturen

1	Azuara	Spanien
2	Rochechouart	Frankreich
3	Steinheim	Deutschland
4	Ries	Deutschland
5	Morasko	Polen
6	Mien	Schweden
7	Granby	Schweden
8	Tvären	Schweden
9	Gardnos	Norwegen
10	Siljan	Schweden
11	Dellen	Schweden
12	Lockne	Schweden
13	Lumparn	Finnland
14	Söderfjärden	Finnland
15	Sääksjärvi	Finnland
16	Lappajärvi	Finnland
17	Iso-Naakkima	Finnland
18	Suvasvesi	Finnland
19	Jänisjärvi	Russische Föderation
20	Mishina Gora	Russische Föderation
21	Ilumetsa	Estland
22	Kärdla	Estland
23	Kaalijärvi	Estland
24	Dobele	Lettland
25	Vepriai	Litauen
26	Logoisk	Weißrußland
27	Mizarai	Litauen
28	Zapadnaya	Ukraine
29	Ilyinets	Ukraine
30	Boltysh	Ukraine
31	Ternovka	Ukraine
32	Zeleny Gai	Ukraine
33	Rotmistrovka	Ukraine
34	Obolon	Ukraine
35	Kamensk	Russische Föderation
36	Gusev	Russische Föderation
37	Kursk	Russische Föderation
38	Kaluga	Russische Föderation
39	Karla	Russische Föderation
40	Puchez-Katunki	Russische Föderation

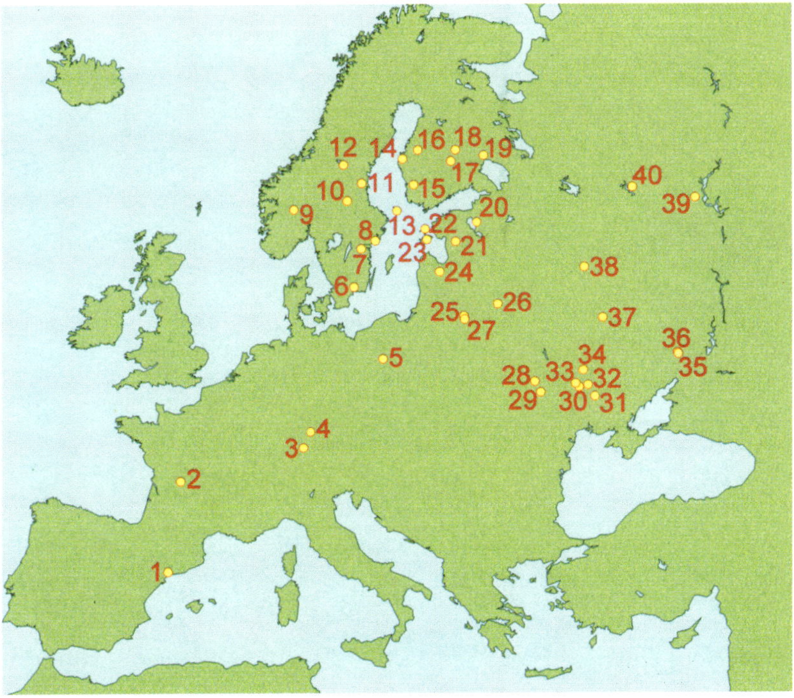

Geowissenschaftlich nachgewiesene Impaktkrater Europas. Stand Oktober 1995.

Neben Veränderungen in und an der Oberfläche der Erdkruste hinterlassen Meteoriteneinschläge typische Spuren in den Gesteinen des Untergrundes. Bei einem Meteoritenimpakt entstehen schlagartig gewaltige Drucke und Temperaturen, die in dieser Form in der Erdkruste nicht auftreten. Sie bewirken in den betroffenen Gesteinen einen Stoßwellenmetamorphose genannten Prozeß, durch den sich die ursprünglich vorhandenen Gesteinskomponenten charakteristisch verändern. Die hierbei entstehenden Strukturen und neuen Minerale gibt es in keinen irdischen Gesteinen.
Jüngste Erkenntnis in der Kraterforschung und ein weiteres Indiz für ein großes Impaktereignis ist das Vorkommen zahlreicher winziger Diamanten (bis zu 0,002 Millimeter) in Begleitung von Siliziumcarbid (bis 0,1 Millimeter) in Gesteinen komplexer Impaktstrukturen wie beispielsweise dem Nördlinger Ries. Die Diamanten haben sich sehr wahrscheinlich direkt aus der beim Einschlag entstehenden gewaltigen Glutwolke gebildet.
Die Karte europäischer Impaktkrater auf Seite 98/99 zeigt, wie nicht anders zu erwarten, eine sehr unregelmäßige Verteilung der nachgewiesenen großen Impaktereignisse. Besonders zahlreich finden sich Meteoritenkrater in Skandinavien und Rußland. Hier gibt es sehr alte Erdkrustenbereiche, die über lange Zeiträume möglichen Treffern ausgeliefert waren. Diese Regionen sind auch nicht durch jüngere Gesteinsschichten überdeckt. Junge Gebirgsbildungen wie in Mittel- und Südeuropa haben dort nicht stattgefunden.

Das Nördlinger Ries

Vor rund 15 Millionen Jahren verwüstete der Aufprall eines außerirdischen Körpers das Gebiet zwischen den heutigen Städten Nürnberg, Stuttgart und München. Auslöser dieser kosmischen Katastrophe war ein riesi-

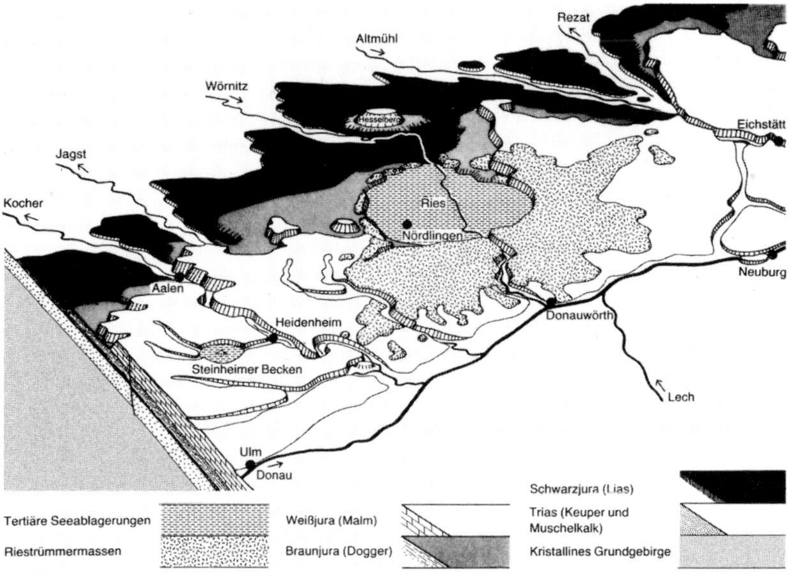

Vereinfachtes geologisches Blockbild der Schwäbischen Alb mit den Impaktstrukturen von Nördlinger Ries und Steinheimer Becken.

Ohne geowissenschaftliche Erkenntnisse wäre es nur eine idyllische Landschaft: der Impaktkrater von Steinheim auf der Schwäbischen Alb (mit Blick auf den Krater-

rand). Vor etwa 15 Millionen Jahren entstand das Steinheimer Becken durch einen Meteoriteneinschlag.

ger Steinmeteorit mit einem Durchmesser von rund 1 Kilometer. Mit mindestens 70 000 Kilometern pro Stunde raste er ungebremst auf die Landoberfläche und bohrte sich 1 Kilometer tief in den felsigen Untergrund. Die bei diesem Aufprall erzeugte Stoßwelle ließ maximale Drucke von über 6,6 Millionen Atmosphären entstehen, mehr als an statischem Druck im Erdmittelpunkt herrscht. Sowohl der kosmische Körper als auch der Untergrund wurden dabei auf weniger als die Hälfte ihrer ursprünglichen Masse zusammengepreßt. Die dadurch entstehende Erhitzung erreichte Temperaturen von 30 000 Grad Celsius. Die außerirdische Materie und der Untergrund im Umkreis von 1,3 Kilometern verdampften dadurch explosionsartig in einem riesigen Feuerball mit der Zerstörungskraft von 250 000 gleichzeitig gezündeten Hiroshima-Bomben. Durch den Impakt entstand schlagartig ein 11 Kilometer weiter Krater. 150 Milliarden Kubikmeter Gestein wurden in Mitleidenschaft gezogen. Der Untergrund bis zu 3 Kilometer Tiefe verdampfte, schmolz, wurde zerschlagen und nach allen Seiten herausgeschleudert. Das Auswurfmaterial bedeckte anschließend einen Umkreis von rund 50 Kilometern bis zu 30 Meter hoch. Alle Lebensformen in diesem Raum wurden in wenigen Sekunden in einem Glutstrom ausgelöscht.
Flüssiges Gestein schoß aus dem Krater in den Himmel und fiel bis zu 500 Kilometer entfernt zu Tektiten erstarrt, als Glas, zu Boden. Bis zu 1 Kilometer große Kalksteinschollen der oberen Gesteinsschichten wurden flach zur Seite geschoben. Tonnenschwere Blöcke flogen bis zu 60 Kilometer weit. Im primären Krater rutschten durch Ausgleichbewegungen des Untergrundes die Kraterwände nach, der Kratergrund hob sich im Zentrum infolge Druckentlastung zu einem inneren Ringwall. Aus dem zunächst kleinen und tiefen Krater bildete sich die heute erkennbare annähernd 25 Kilometer weite Senke, die ursprünglich 700–800 Meter tief

war, heute aber durch spätere Ablagerungen nur noch etwa 100 Meter tief in eine aus kalkigen Ablagerungen des Erdmittelalters bestehende Hochfläche eingefügt ist. In seiner Mitte liegt die Ortschaft Nördlingen, die dem Ries seinen Namen gibt.
Der Kraterwall des Nördlinger Rieses besteht aus zertrümmerten und umgewandelten Gesteinen des tieferen Untergrundes, die an dieser Stelle eigentlich erst in 700 Meter Tiefe anzutreffen wären. Das als „Bunte Brekzie“ bezeichnete Material enthält Bestandteile aller in der Umgebung auftretenden Gesteine und wurde nach dem Einschlag als erstes aus dem entstehenden Krater ausgeworfen.
Geschmolzenes und zertrümmertes Material aus dem Impaktzentrum hat sich über der Bunten Brekzie abgelagert. Diese als „Suevite“ oder „Schwabengesteine“ bekanntgewordenen Impaktgesteine bestehen aus zerfetzten, umgewandelten Gesteinen des Untergrundes. Beim Impakt aufgeschmolzene Gesteinsanteile, zu schaumigen, schwarzen Gesteinsgläsern erstarrt, durchsetzen den Suevit.
In den Impaktschmelzen fanden die Wissenschaftler Shoemaker und Chao in den frühen sechziger Jahren den Beweis für einen Meteoriteneinschlag. Es gelang ihnen, im Suevit das Mineral Coesit zu identifizieren, dessen Entstehung Drucke und Temperaturen erfordert, wie sie in der Erdkruste fast ausschließlich bei großen Impaktereignissen auftreten. Das Ries ist ein so typisches Beispiel eines großen, komplexen Meteoritenkraters, daß die Astronauten der Apollo-14-Mission hier 1970 für ihre Tätigkeiten auf dem Mond instruiert wurden.

Waren die Dinosaurier Opfer einer kosmischen Katastrophe?

Schon seit langem sind sich die Geowissenschaftler darüber einig, daß sich vor rund 65 Millionen Jahren auf der Erde etwas Besonderes ereignet haben muß. In einer geologisch außergewöhnlich kurzen Zeitspanne waren plötzlich drei Viertel aller Lebewesen, darunter auch die riesigen Dinosaurier, ausgestorben. Sie hatten über 145 Millionen Jahre die Erde beherrscht und waren nun plötzlich verschwunden. Der Zeitpunkt dieses Massensterbens wird heute als die geologische Grenze zwischen der reptilienbeherrschten Kreidezeit und dem darauffolgenden Tertiär, dem Zeitalter der Säugetiere, angesehen. Oberhalb dieser Grenze sind in den Erdschichten keine typischen kreidezeitlichen Fossilien mehr zu finden.
Das Aussterben der Dinosaurier ist nicht zu bezweifeln, aber die Gründe sind rätselhaft. Viele Theorien wurden aufgestellt und wieder verworfen.
Ein Modell, das Anfang der achtziger Jahre von einer Gruppe von Wissenschaftlern um Louis und Walter Alvarez an der University of California, Berkeley, ersonnen wurde, scheint sich heute durchzusetzen.
In den Ablagerungen der Erdzeitalter findet sich an der Grenze zwischen Kreide und Tertiär, also dem Zeitpunkt des Sauriersterbens, weltweit eine wenige Zentimeter starke Lehmschicht. Als Walter Alvarez 1978 Proben dieser bei Gubbio zwischen Rom und Florenz an die Oberfläche tretenden Schicht im Labor untersuchte, machte er eine erstaunliche Entdeckung: Die dünne Lage enthielt ungewöhnlich hohe Mengen Iridium. Das Platinmetall, das man in Gesteinen der Erdoberfläche nur in äußerst geringen Mengen antrifft, war in dieser Schicht um ein Vielfaches erhöht.
Die Erklärungen hierfür waren so gewagt wie faszinierend.

Bei Stevns Klint an der Ostküste der dänischen Insel Seeland tritt die geologische Grenze zwischen Kreide und Tertiär zutage. Die hier als dunkles, zurücktretendes Band sichtbare Ablagerung (die Folge der Staubwolke nach einem gewaltigen Meteoriteneinschlag) markiert das Ende der Dinosaurier.

Für Alvarez und seine Mitarbeiter kam nur ein außerirdischer Grund in Betracht.
Ein kosmischer Körper riesigen Ausmaßes sollte die Erde vor 65 Millionen Jahren getroffen haben. Staub, durch den Impakt in die Atmosphäre geschleudert, hätte das Sonnenlicht blockiert. Bei den Pflanzen könnte dann keine Photosynthese mehr stattfinden, die Nahrungskette würde unterbrochen sein und die Tiere hätten keine Lebensgrundlage mehr. Durch den Impakt entzündete Brände würden zusätzlich große Mengen Ruß in die Atmosphäre befördern und die Auswirkungen verschlimmern. Weltweite vulkanische Aktivitäten waren vielleicht die Folge dieser enormen Erschütterung der Erde. Die umfassenden Folgen eines solchen Einschlages wären möglicherweise mit der Vorstellung eines „nuklearen Winters" nach einem Atomkrieg vergleichbar.
Die Grenzschicht entspräche nach diesem Szenario einem Fallout des in die Atmosphäre gelangten irdischen Staubes, vermischt mit dem verdampften Material des kosmischen Körpers. Dieser Anteil an meteoritischem Material könnte für den hohen Iridiumgehalt der Lehmschicht verantwortlich sein, denn in Meteoriten finden sich stets tausendfach höhere Iridiumkonzentrationen als in irdischen Oberflächengesteinen.
Das kalifornische Modell wurde von späteren Entdeckungen wie etwa der des US-amerikanischen Geologen Bruce Bohar bekräftigt. In der Grenzschicht fanden Bohar und sein Mitarbeiter Triplehorn bis zu einem halben Millimeter große „geschockte" Quarzkörner mit mikroskopisch kleinen parallelen Deformationsstrukturen. Derartige Beschädigungen in Quarzen konnten nur durch plötzliche, extrem hohe Druckeinwirkungen entstanden sein, wie sie nur bei einem Meteoritenimpakt auftreten!
Nach Alvarez' Berechnungen hätte der notwendigerweise 10 Kilometer große kosmische Körper beim Auf-

schlag einen Krater von 100 bis 150 Kilometer Durchmesser hervorrufen müssen. Lange Jahre konnte kein Krater solcher Größe mit dem „richtigen“ Alter von 65 Millionen Jahren gefunden werden. Erst kürzlich hat man jedoch einen Kandidaten gefunden, den Chicxulub-Krater im Golf von Mexiko. Auf dem Meeresboden vor der Halbinsel Yucatan fanden Geowissenschaftler aufgrund geophysikalischer Untersuchungen und nachfolgender Bohrungen einen von jüngeren Sedimenten überdeckten riesigen Krater. Der bei seiner Entstehung 170 Kilometer weite und unglaubliche 45–60 Kilometer tiefe Krater erweiterte sich zu der heute 300 Kilometer im Durchmesser zählenden Struktur. Der Chicxulub-Krater gehört zu den größten im gesamten inneren Sonnensystem. Und er hat ein Alter, das mit dem Zeitpunkt des Saueriersterbens zusammenfällt. Die Umstände und die Auswirkungen seiner Entstehung mußten verheerende Auswirkungen auf das Leben der Erde zur Folge haben.

Rätselhafte Gebilde – Tektite

Schon um 1800 wurden auf dem Gebiet des heutigen Tschechien seltsame, glasige Steine gefunden, deren Herkunft bis in unsere Zeit Rätsel aufgab. Man nannte sie „Moldavite“ nach ihrem Hauptverbreitungsgebiet an der Moldau oder „Bouteillensteine“ nach ihrer flaschengrünen Farbe.
Tektite sind Gläser, die man als Fremdkörper in geologisch jungen Ablagerungen in vielen Regionen der Erde findet. Ihr Name leitet sich von dem griechischen Wort „tektos“ (geschmolzen) ab, da sie den Eindruck ehemals geschmolzenen Materials vermitteln. Es handelt sich meist um unregelmäßig aufgebaute, teilweise gewundene Körper, die aber auch oft in regelmäßigen Formen wie Tropfen, Knöpfen, Kugeln oder Hanteln gefunden werden. Allen gemeinsam ist ihre narbige

Tektite haben meist eine narbige Oberfläche. Das nach einem Meteoriteneinschlag hochgeschleuderte, geschmolzene Gestein erstarrte beim Flug durch die Luft zu Glas.

Tschechische Tektite, sogenannte Moldavite, entstanden beim Impaktereignis des Nördlinger Rieses. Typisch für sie ist die dunkelgrüne Färbung.

Oberfläche mit Schmelzgruben und Fließstrukturen. Die meist zentimeter-, selten faustgroßen Gebilde wiegen in den häufigsten Fällen unter 200 Gramm. Bei europäischen Fundstellen überwiegen moosgrüne Farben, aus anderen Gebieten sind die Tektite aufgrund chemischer Unterschiede im Ausgangsmaterial meist schwarz. Bei wechselnder Transparenz zeigen Tektite im frischen Zustand einen typischen Glasglanz. Bisweilen kann man in ihrem Inneren kleine Gasblasen erkennen.

Moldavite beziehungsweise Tektite werden heute oftmals fälschlicherweise als „Glasmeteorite" im Handel angeboten. Sie stammen jedoch nicht aus dem Weltraum, sondern es sind Gesteinsgläser, die durch Aufschmelzung aus irdischen Gesteinen infolge eines großen Meteoritenimpaktes entstanden sind. Die Tektite werden in geographisch zusammengehörigen Arealen, in Streufeldern, in großer Zahl aufgefunden.

Tektite entstehen durch den Aufprall sehr großer Meteorite mit kosmischer Geschwindigkeit auf die Erdoberfläche. Dabei entstehen, wie bereits geschildert, Gesteinsschmelzen, die aus dem sich bildenden Krater über große Entfernungen herauskatapultiert werden. Beim Flug durch die Luft erstarren die geschmolzenen Gesteinsanteile durch schnelle Abkühlung zu Gesteinsgläsern – Tektiten – und gehen dann über große Flächen nieder.

Die dunkelgrünen Tektite (14,8 Millionen Jahre alt) der kleinen Streufelder von České Budějovice (Budweis) in Südböhmen und westlich von Brno (Brünn) in Mähren werden mit dem in Bayern gelegenen altersgleichen Einschlagskrater des Nördlinger Rieses in Verbindung gebracht. Wegen ihrer schönen grünen Farbe werden Moldavite von jeher im Originalzustand oder geschliffen zu Schmuckzwecken verwendet.

Praktische Tips für angehende Sammler

Vor allem Mineralien- und Fossilienhändler haben zuweilen Meteorite in ihren Angeboten. Auf Mineralienbörsen, die in den meisten großen Städten stattfinden, sind Händler aus allen Teilen der Welt vertreten, so daß man dort am ehesten einen Überblick und einen Einstieg in dieses Thema gewinnt.

Der Handelswert eines Meteoriten richtet sich in erster Linie nach der Seltenheit des Meteoritentyps und des insgesamt bekannten Fundgewichts. Gewöhnliche, häufige Eisenmeteorite liegen heute bei unter 1–2 DM pro Gramm, gewöhnliche Chondrite bewegen sich je nach Typ im Bereich um 4–15 DM pro Gramm.

Mond- und Marsmeteorite wie auch einige seltene Typen werden dagegen zu Grammpreisen gehandelt, die um ein Vielfaches höher als das Goldfixing liegen!

Hilfe bei der Bestimmung von Meteoriten und Beratung zu Meteoritenfragen kann der Sammler in der Regel bei den wissenschaftlichen Leitern größerer mineralogischer oder geologischer Museen erfahren. Hier sollte er sich auch Hinweise für den richtigen Umgang mit den teilweise sehr empfindlichen Meteoriten geben lassen. Feucht gelagerte metallreiche Meteorite und Eisenmeteorite können zum Beispiel sehr schnell durch Rostbefall unansehnlich werden oder sogar völlig zerfallen!

Meteoritensammlungen

Nachdem Ernst Florens Friedrich Chladni Ende des 18. Jahrhunderts die Meteorite als außerirdisches Material erkannte und sich wenige Jahre später seine Auffassung durchsetzte, wurden Meteorite Ziel intensiver Sammelbemühungen.

In Europa befinden sich heute umfangreiche staatliche, der Öffentlichkeit zugängliche Sammlungen, unter anderem in London (Museum of Natural History), Wien (Naturhistorisches Museum), Berlin (Museum für Naturkunde, Humboldt-Universität), Paris (Muséum National d'Histoire Naturelle), Moskau (Fersman Museum, Akademie der Wissenschaften), Rom (Vatican Observatory Collection) und Kopenhagen (Geologisk Museum).

Bedeutende Sammlungen besitzen vor allem die USA in Houston (NASA, Lyndon B. Johnson Center), Washington (U. S. National Museum of Natural History, Smithsonian), Tempe (Center for Meteorite Studies, Arizona State University), New York (American Museum of Natural History) und Chicago (Field Museum of Natural History).

Sehr großen Zuwachs an Meteoritenmaterial haben seit 1969 durch zahlreiche antarktische Neufunde die Sammlungen Tokios (National Institute of Polar Research) und Houstons (NASA) erfahren.

Nicht zuletzt existieren weltweit große und bedeutende Privatsammlungen.

Ein Fragment des als Pallas-Eisen bekannten, rund 700 Kilogramm schweren Steineisenmeteoriten von Krasnojarsk, Sibirien. (Größe 4 x 8 cm)

Große staatliche Meteoritensammlungen im deutschsprachigen Raum befinden sich unter anderem in:

Deutschland

Berlin
Humboldt-Universität
Museum für Naturkunde
Invalidenstr. 43
Di.–So. 9.30–17 Uhr
Tel. 030/28 97 25 60

Bonn
Mineralogisch-Petrologisches Museum der Universität
Poppelsdorfer Schloß
Mi. 15–17 Uhr, So. 10–18 Uhr
Tel. 02 28/73 27 66

Dresden
Staatl. Museum für Mineralogie und Geologie
Augustusstr. 2
Mo.–Mi. 10–13 u. 14–16 Uhr,
Juni–August bis 17.00 Uhr geöffnet
Tel. 03 51/4 95 24 46

Göttingen
Mineralogische Sammlungen der Universität
Goldschmidtstr. 1
Mo.–Fr. 8–18, Sa., So. und Führungen auf Anfrage
Tel. 05 51/39 38 54

*Greifswald**
Geologische Abteilung der Universität
Fr.-L.-Jahn-Str. 17a
Tel. 0 38 34/86 45 70

Die 27 x 36 Zentimeter große Scheibe des Bear Creek-Oktaedriten aus Colorado/USA zeigt Widmanstättensche Figuren, dunkle Schreibersitnadeln, bronzefarbene Troiliteinschlüsse und ein großes schwarzes Chromitkorn am rechten Rand.

Hamburg
Mineralogisches Museum der Universität
Grindelallee 48
Mi. 15–18 Uhr u. n. Vereinbarung
Tel. 040/41 23 20 58/51

*Heidelberg**
Max-Planck-Institut für Kernphysik
Saupfercheckweg 1
Tel. 0 62 21/51 60

*Mainz**
Max-Planck-Institut für Chemie
Saarstr. 23
Tel. 0 61 31/30 50

*Münster**
Institut für Planetologie der Universität
Wilhelm-Klemm-Str. 10
Tel. 02 51/83 34 96

Tübingen
Mineralogische Schau- und Lehrsammlung,
Institut für Mineralogie
Wilhelmstr. 56
Öffnung auf Anfrage
Tel. 0 70 71/29 26 00

* keine öffentlich zugängliche Schausammlung

Österreich

Graz
Steiermärkisches Landesmuseum Joanneum
Raubergasse 10
Mo.–Fr. 9–16 Uhr, Sa., So. 9–12 Uhr
Tel. 00 43/316/80 17 47 40

Wien
Naturhistorisches Museum
Burgring 7
täglich außer Di. 9–18 Uhr, Oktober–März 9–15 Uhr
Tel. 00 43/1/52 17 70

Schweiz

Basel
Naturhistorisches Museum
Augustinergasse 2
Mai–Oktober Di.–So. 10–17 Uhr, November–April
Di.–Sa. 10–12 und 14–17 Uhr, So. 10–17 Uhr
Tel. 00 41/61/2 66 55 00

Bern
Naturhistorisches Museum Bern
Bernastr. 15
Mo. 14–17 Uhr, Di.–Sa. 9–17 Uhr, So. 10–17 Uhr
Tel. 00 41/31/3 50 72 44

Genf
Muséum d'Histoire Naturelle
Route de Malagnou 1
Di.–So. 9.30–17 Uhr
Tel. 00 41/22/4 18 63 00

Lugano
Museo cantonale di storia naturale
Viale C. Cattaneo 4
Di.–Sa. 9–12 Uhr, 14–17 Uhr
Tel. 00 41/91/9 23 78 27

Schönenwerd
Museum Bally-Prior
Oltnerstr. 80
So. 14–17 Uhr
Tel. 00 41/775/7 26 01

Zürich
Geologisch-mineralogische Ausstellung der Eidgenössischen Technischen Hochschule (ETH)
Sonneggstr. 5
Mo.–Fr. 10–18 Uhr, Sa. 10–16 Uhr
Tel. 00 41/1/6 32 37 87

Im Jahre 1554 erschien über der Stadt Kemnath in der Kurpfalz eine mysteriöse Himmelserscheinung. Ein zeitgenössischer Künstler erfaßte das spektakuläre Ereignis in diesem Holzschnitt.

Literatur

Weiterführende Publikationen, eine Auswahl:

Buchwald, V. F. (1975): Handbook of Iron Meteorites. Their History, Distribution and Structure. Band I-III, Univ. California Press, Berkeley

Bühler, R. W. (1988): Meteorite. Urmaterie aus dem interplanetaren Raum. Birkhäuser Verlag, Basel

Dodd, R. T. (1986): Thunderstones and Shooting stars. The meaning of meteorites. Harvard University Press, Cambridge

Gall, H. (1978): Das Nördlinger Ries – Ein Meteoritenkrater. Freunde der Bayerischen Staatssammlung für Paläontologie und historische Geologie München e. V.

Heide, F. (1988): Kleine Meteoritenkunde. Springer-Verlag, Berlin, New York, Heidelberg, 3. Aufl.

Hutchison, R.; Graham, A. (1994): Meteorites. The Natural History Museum, HMSO, London

Kerridge, J. F.; Matthews, M. S. (1988): Meteorites and the early solar system. University of Arizona Press, Tucson

McSween, H. Y. (1987): Meteorites and their parent planets. Cambridge University Press, New York

Palme, H.; Schultz, L.; Wlotzka, F.; Kern, M. (1983): Meteorite – Urmaterie des Sonnensystems. Max-Planck-Institut für Chemie, Abt. Kosmochemie, Mainz

Wasson, J. T. (1985): Meteorites – Their record of early solar-system history. Freeman and Co., New York

Meteoriten-Datensammlungen, eine Auswahl:

Graham, A. L.; Bevan, A. W. R.; Hutchison, R. (1985): Catalogue of Meteorites. British Museum (Natural History), London

Koblitz, J. (1994/95): METBASE (Version 1. 1b). Meteorite Data Retrieval Software

Meteoritenfachzeitschriften:

Geochimica et Cosmochimica Acta. Journal of the Geochemical Society and the Meteoritical Society. Elsevier Science Ltd., The Boulevard, Langford Lane, Kidlington, Oxford OX5 1GB, United Kingdom

Meteorite. Published by Pallasite Press: P. O. Box 33-1218, Takapuna, Auckland, New Zealand

Meteoritics and Planetary Science. Published by the Meteoritical Society: Dept. of Chemistry/Biochemistry, Univ. of Arkansas, Fayetteville, AR 72701, USA

Edition Ellert & Richter

Kleine Bahn auf großer Fahrt
Spielzeugeisenbahnen der Spur 0
Volker Kutschera
112 S. mit 60 Farbabbildungen
Modelleisenbahnen der Spur 0 stehen bei Spielzeugfreunden in höchstem Ansehen. Als Leiter des Salzburger Spielzeugmuseums auch Hüter der dortigen Eisenbahnabteilung mit Schwerpunkt auf der Spurweite 0, lenkt der Autor den Blick immer wieder auf die schönsten Modelle und auf faszinierende Erfindungen rund um die Eisenbahn.

Bernstein
Jens Grzonkowski
144 S. mit 46 Farb- und
10 S/W-Abbildungen
Neben einem Überblick über die Fundorte auf der ganzen Welt und Methoden zur Echtheitsprüfung enthält der Band auch eine Anleitung zum Bernsteinschleifen. Eine Fülle von Informationen sowie viele praktische Tips bereichern Bernsteinliebhaber ebenso wie alle Interessierten, die dieses faszinierende Material entdecken möchten.

Bauerngärten
Marion Nickig (Fotos)/
Friedolin Wagner (Text)
128 S. mit 57 Farbabbildungen
Der Bauerngarten entstand aus der Notwendigkeit, die bäuerliche Familie mit Nahrung zu versorgen. Friedolin Wagner erzählt die Geschichte dieser Gartenart und gibt Tips zum Bepflanzen und zur Pflege. Marion Nickigs Fotos zeigen die Schönheit eines ausgewogenen Bauerngartens und die unterschiedlichen Blumen und Gemüse, die in ihm wachsen.

Mythos der Steine
Macht und Magie
Andreas Guhr
176 S. mit 38 Farb- und 7 S/W-Abbildungen
Edelsteine begleiten die Geschichte der Menschheit. Der Band gibt einen Einblick in ihre Verwendung als Amulette und Talismane sowie in die astrologische Zuordnung der Steine. Der sachkundige Text von Andreas Guhr wird ergänzt durch eine Erklärung der mineralogischen Grundbegriffe und einen umfangreichen lexikalischen Anhang.

Engel
Von wunderbaren Mächten
Paul Willenborg
112 S. mit 43 Farbabbildungen
Engel – gibt's die? Fast alle Menschen, auch wenn sie nicht an die Geisterwesen glauben, haben eine genaue Vorstellung von deren Aussehen. Paul Willenborg gibt eine fundierte Einführung in die „Engelskunde", die durch Abbildungen von Engelsgestalten in Kunst und Kitsch ergänzt wird.

Pflanzen der Venus
Aphrodisiaka und Liebestränke
Christian Rätsch
160 S. mit 70 Farb- und 4 S/W-Abbildungen
Der Autor vermittelt mit seinem informativen Text einen ungewöhnlichen Blick auf die einheimische und exotische Pflanzenwelt der Aphrodisiaka. Die interessantesten Pflanzen der Venus, in farbigen Fotos porträtiert, werden mit ihren Wirkungen, den Beschaffungsmöglichkeiten und der Zubereitung beschrieben.

Autor

Jochen Schlüter, geb. 1955 in Elmshorn, Schleswig-Holstein. Mineralogiestudium in Hamburg, Diplom 1980, Promotion 1983 über ein gesteinskundliches Thema des Harzes. Prospektionstätigkeiten in Kanada, Chile und Österreich. Forschungsprojekte in Namibia und der Mongolei. Seit 1988 Leiter des Mineralogischen Museums der Universität Hamburg.

Für die kritische Durchsicht des Manuskriptes
und viele anregende Diskussionen danke ich
Herrn J. Koblitz.
Jochen Schlüter

Bildnachweis

Titel:
Pallasit Pavlodar, Olivinkristalle in Eisennickellegierung, gefunden in Kasachstan, 1885.
(Scheibe 3 x 4 cm)

Bildnachweis:
Astrofoto, Leichlingen: S. 19 (Koch), 20/21 und 38/39 (Shigemi Numazawa), 23 o. (Kohlhauf), 69 (NASA), 93 (USGS/Flagstaff)
Bildarchiv Preußischer Kulturbesitz, Berlin: S. 10, 11, 13, 121
Stephan Brodt, Taoyuan/Taiwan: S. 83
Alain Carion, Paris: S. 35
Deutsche Staatsbibliothek, Preußischer Kulturbesitz, Berlin: S. 17
Fotosmith, Tucson/USA: S. 23 u.
Karl-Christian Lyncker, Hamburg: S. 7, 25, 45, 47, 48/49, 51, 52/53, 55, 56/57, 59, 60/61, 64, 65, 67, 86, 87, 90, 91, 110, 111, 115, 117
Musée d'Histoire Naturelle, Neuchâtel/Foto: Danièle Rapin: Titel
Jochen Schlüter, Hamburg: S. 43, 73, 89, 99, 107
Ludolf Schultz, Mainz: S. 81
Science Photo Library, London/FOCUS, Hamburg: S. 28/29 (Baker/Milon)
Otto Stadler, Geisenhausen: S. 102/103
Süddeutscher Verlag Bilderdienst, München: S. 15, 75
aus Rolf W. Bühler „Meteorite – Urmaterie aus dem interplanetarischen Raum", Basel 1988: S. 77
nach „Spektrum der Wissenschaft" 6/1990: S. 95
nach „Spektrum der Wissenschaft" 1/1981: S. 101

Kartenentwurf S. 89 und S. 99:
Thomas Bisanz, Hamburg

Impressum

Die Deutsche Bibliothek – CIP-Einheitsaufnahme

Steine des Himmels : Meteorite / Jochen Schlüter. –
Hamburg : Ellert und Richter, 1996
(Edition Ellert & Richter)
ISBN 3-89234-683-6
NE: Schlüter, Jochen

Text: Jochen Schlüter, Hamburg
Lektorat: Frank Heins, Hamburg
Bildredaktion: Anke Balshüsemann, Hamburg
Gestaltung: nach Entwürfen von Hartmut Brückner, Bremen
Satz: KCS GmbH, Buchholz/Hamburg
Lithographie: Offset-Repro im Centrum, Hamburg
Druck: aprinta GmbH, Wemding
Bindung: S. R. Büge, Celle